O DIREITO VISTO POR DENTRO.

Temas atuais sob a ótica dos Servidores Públicos.

"A força do direito deve superar o direito da força."

Rui Barbosa.

APRESENTAÇÃO

Esta obra apresenta temas atuais do Direito vivenciados na prática por Servidores Públicos das 3 esferas de governo (Federal, Estadual e Municipal), com a ambição de tentar estimular a reflexão e contribuir para o debate acerca dos desafios na aplicação do Direito na Administração Pública.

Sem se perder em grandes questionamentos, os autores mostram a jurisprudência predominante, as divergências entre os principais doutrinadores e - principalmente - como os assuntos são abordados no dia a dia estatal.

A isso se propõe esse livro - favorecer o debate instigante, propositivo e crítico. A resposta a esse convite, prontamente aceito pelos meus nobres amigos, se tem o prazer de passar agora às mãos do leitor.

Uma excelente ferramenta de estudo, principalmente para quem quer conhecer como o Direito é aplicado no cotidiano dos Servidores Públicos.

Leitura complementar para os estudos de direito público dos cursos de graduação e pós-graduação. Livro de referência para profissionais da área jurídica envolvidos com a administração pública.

10 de maio de 2020,

Ricardo H. Reis

Coordenador:

Ricardo Reis

Analista do Seguro Social - INSS (2º colocado Região Sul/2013-2014), formado em Administração de Empresas pela Pontifícia Universidade Católica de São Paulo (PUC-SP), Bacharel em Turismo pela Universidade Anhembi Morumbi (UAM-SP) e bacharelando em Direito pela UNOPAR em Ponta Grossa - PR.

Consultor empresarial especializado em gestão de projetos e gestão de talentos.

Professor das disciplinas de Gestão de Projetos e Administração de Recursos Materiais no TEC Concursos.

Sobre os Autores:

Bruno Meyer Levy

Servidor Público Municipal – Guarda Civil Municipal desde 2016, exercendo suas atribuições no Município de Ponta Grossa. Atualmente bacharelando em Direito, 3º período, pela UNICESUMAR em Ponta Grossa/PR. Autor de artigo pelo I Simpósio Interdisciplinar da UNICESUMAR.

Daniel Rodrigues

Analista do Seguro Social do Instituto Nacional do Seguro Social (INSS), atuou por mais de 10 anos na seção de Recursos Humanos da Gerência Executiva em Ponta Grossa e atualmente exerce suas funções na seção de Benefícios.

Bacharel em Direito pela Universidade Estadual de Ponta Grossa.

Gilberto Rentz

Analista do Seguro Social (contador) do Instituto Nacional do Seguro Social (INSS) desde 2005, formado em Ciências Contábeis pela Universidade Estadual de Ponta Grossa - Paraná e pós-graduação em Contabilidade Pública pela Uninter.

Inês Aparecida Mocelim

Advogada inscrita na OAB/PR sob nº 37.584, graduada pelo Centro de Ensino Superior dos Campos Gerais, CESCAGE, Ponta Grossa/PR.

Especialista em Direito Previdenciário pela FAAT- Faculdade Arthur Thomas, Londrina/PR.

Servidora Pública Estadual - Secretaria de Estado e Educação (SEED/PR), exercendo a função de professora da disciplina de Direito e Legislação no Curso Técnico em Logística, na Educação Profissional.

◆ ◆ ◆

Piero Mocelim

Acadêmico do curso de Direito no Centro de Ensino Superior dos Campos Gerais - CESCAGE (7º período).

Experiência jurídica nos setores público e privado.

Estágio na seção de Logística, Licitações, Contratos e Engenharia na Gerência Executiva do INSS (Instituto Nacional do Seguro Social) em Ponta Grossa/PR.

Atualmente, estagiando na Procuradoria Regional do Trabalho da 9ª Região/Paraná.

◆ ◆ ◆

Ricardo de Paula Timoteo

Policial Militar no Estado do Paraná desde 2010. Possui graduação em Tecnologia em Automação Industrial pela Universidade Tecnológica Federal do Paraná (2012), Pós Graduação, Lato Sensu, nível especialização em Metodologia do Ensino na Educação Superior pela instituição Grupo Educacional Uninter, Pós Graduação, Lato Sensu, nível especialização em Polícia Judiciária Militar pelo Instituto Venturo. Atualmente bacharelando em Direito, 9º Período, pela UNOPAR em Ponta Grossa/PR.

Rosângela Gremski Levy

Graduada em Direito pela Universidade Estadual de Ponta Grossa, pós-graduada em Direito Público pelo Centro Universitário Leonardo Da Vinci. Assessora de Promotor de Justiça do Ministério Público do Estado do Paraná de 2009 a 2010. Servidora Pública Federal - Técnico do Seguro Social – a partir de 2010, atualmente lotada na Seção de Logística, Licitação e Contratos e Engenharia da Gerência Executiva do INSS em Ponta Grossa. Advogada, inscrita na OAB/PR n.º 90.348.

Tiago Vinicius Sanches

Auxiliar Administrativo no Hospital Universitário Regional dos Campos Gerais – HURCG/UEPG. Bacharel em Direito pela Universidade norte do Paraná – UNOPAR, Pós Graduando lato sensu em Direito e Processo do Trabalho pela Universidade Estadual de Ponta Grossa. Ex-estagiário do Instituto Nacional do Seguro Social (2016) e também do Tribunal Regional do Trabalho da 9ª Região, lotado na 2ª Vara do Trabalho de Ponta Grossa. (2018 – 2020).

Ampla experiência na área comercial em diversos segmentos, porém deixada de lado para realização do sonho de estudar Direito, em especial Direito do Trabalho.

Aprovado no XXVII Exame da Ordem dos Advogados do Brasil – OAB enquanto cursava o penúltimo período da faculdade e aprovado em terceiro lugar no Concurso da Secretaria

Estadual de Saúde do Paraná, para o cargo de Técnico Administrativo em Ponta Grossa (2016 - aguardando nomeação).

Sumário

CAPÍTULO 1.

E AGORA, FUI DESIGNADO PREGOEIRO?

RICARDO REIS

A nomeação para o tão sonhado cargo público é um dos momentos mais felizes da vida de um concursando, principalmente quando é precedido de muitos estudos e dedicação.

Mas ao tomar posse, começam aparecer dúvidas e preocupações em como é possível aplicar a teoria aprendida com a prática cotidiana.

Na área administrativa, um dos maiores medo do novo servidor é deparar com o temido procedimento licitatório. E agora, fui designado Pregoeiro?

1. Noções introdutórias.

A licitação é um procedimento administrativo que antecede a celebração de contratos com a Administração Pública.

Enquanto os particulares dispõem de ampla liberdade para realizar as contratações, a Administração Pública, ao contrário, é obrigada a adotar a licitação com fundamento na nossa Lei Ápice estabelecido no artigo 37, inciso XXI, *in verbis*:

> "XXI - ressalvados os casos especificados na legislação, as obras, serviços, compras e alienações serão contratados mediante **processo de licitação pública** que assegure igualdade de condições a todos os concorrentes, com cláusulas que estabeleçam obrigações de pagamento, mantidas as condições efetivas da proposta, nos termos da lei, o qual somente permitirá as exigências de qualificação técnica e econômica indispensáveis à garantia do cumprimento das obrigações."

É cediço que a maior parte dos recursos públicos utilizados para compras e contratações advém dos impostos recolhidos, assim como garantia do bom uso desse dinheiro a Administração Pública é obrigada a respeitar os imperativos da isonomia, impessoalidade, moralidade e indisponibilidade do interesse público e, portanto utilizar o procedimento licitatório como ferramenta de contratação.

Analisando os conceitos doutrinários, podemos identificar as características fundamentais desse procedimento.

Invoco o douto mestre Marcel Justen Filho em seu excelente livro "Curso de Direito Administrativo", para dar luz ao conceito:

> "É um **procedimento administrativo** disciplinado por lei e por um ato administrativo prévio, que determina critérios objetivos de seleção da proposta de contratação mais vantajosa, com observância do **princípio da isonomia**, conduzido por um órgão dotado de competência específica."

2. Disciplina normativa.

Á luz do artigo 22, inciso XXVII, da Constituição Federal de 1988 estabelece que compete privativamente à União legislar sobre as normas gerais de licitação e contratação, em todas as modalidades, para as 3 esferas organizacionais (União, Estados, Distrito Federal e Municípios), incluindo as autarquias.

> "Art. 22. Compete privativamente à União legislar sobre:
> XXVII – **normas gerais de licitação e contratação**, em todas as modalidades, para as administrações públicas diretas, autárquicas e fundacionais da União, Estados, Distrito Federal e Municípios, obedecido o disposto no art. 37, XXI, e para as empresas públicas e sociedades de economia mista, nos termos do art. 173, § 1°, III."

Conforme já mencionado, a Carta Magna impõe o procedimento licitatório ao contratar com a iniciativa privada conforme o artigo 37, inciso XXI.

Outro dispositivo constitucional no qual ordena a instauração do processo licitatório nas hipóteses de concessão ou permissão de serviços públicos é o artigo 175, in verbis:

> "Art. 175. Incumbe ao Poder Público, na forma da lei, diretamente ou sob regime de concessão ou permissão, sempre através de licitação, a prestação de serviços públicos."

Legislação infraconstitucional sobre licitação.

LEGISLAÇÃO INFRACONSTITUCIONAL

Lei nº 8.666/1993	Regulamenta o art. 37, inciso XXI, da Constituição Federal, institui normas para licitações e contratos da Administração Pública e dá outras providências.
Lei nº 10.520/2002	Institui, no âmbito da União, Estados, Distrito Federal e Municípios, nos termos do art. 37, inciso XXI, da Constituição Federal, modalidade de licitação denominada pregão, para aquisição de bens e serviços comuns, e dá outras providências.
Lei nº 12.462/2011	Institui o Regime Diferenciado de Contratações Públicas - RDC
Decreto nº 10.024/2019	Regulamenta a licitação, na modalidade pregão, na forma eletrônica, para a aquisição de bens e a contratação de serviços comuns, incluídos os serviços comuns de engenharia, e dispõe sobre o uso da dispensa eletrônica, no âmbito da administração pública federal.

3. Princípios Licitatórios.

Como sobredito, em regra os contratos administrativos são precedidos de licitações públicas, tendo por finalidade a obtenção da proposta mais vantajosa, assegurada a isonomia de tratamento aos interessados, e proporcionado o desenvolvimento nacional sustentável.

O legislador infraconstitucional, atendendo aos princípios da isonomia e da competitividade, foi mais detalhista ao declarar expressamente os princípios específicos da licitação.

Com espeque do artigo 3º da Lei nº 8.666/93, temos:

> "Art. 3. A licitação destina-se a garantir a observância do princípio constitucional da isonomia, a seleção da proposta mais vantajosa para a administração e a promoção do desenvolvimento nacional sustentável e será processada e julgada em estrita conformidade com os princípios básicos da **legalidade, da impessoalidade, da moralidade, da igualdade, da publicidade, da probidade administrativa, da vinculação ao instrumento convocatório, do julgamento objetivo** e dos que lhes são correlatos."

Com a clareza meridional, o mestre Ronny Charles conceitua cada princípio:

Impessoalidade:

Esse princípio repele e abomina favoritismos e restrições indevidas, exigindo tratamento equânime e marcado pela neutralidade. Quando contrata com particulares, o gestor não age nem deve agir em nome próprio, mas em nome do Poder Público.

Moralidade:

Ela exige que a ação da administração seja ética e respeite os valores jurídicos e morais. O gestor público não está autorizado a proceder em confronto com a ética e com a moral. Exemplificando: mesmo possível a utilização de uma hipótese de dispensa (aquisição de pequeno valor), fere a moralidade a contratação direta de parente ou empresa do gestor público.

Igualdade:

A determinação de obediência ao princípio da igualdade, na licitação e contrato administrativo, impede discriminação entre os participantes do certame, seja através de cláusulas que favoreçam uns em detrimento de outros, seja mediante julgamento tendencioso. Este tratamento isonômico é uma garantia da competitividade e da consequente busca pela melhor proposta para o negócio administrativo.

Publicidade:

O respeito à publicidade é necessário, para que se garanta a lisura do procedimento licitatório e, inclusive, o atendimento a outros princípios, resultando como nulos os atos praticados em sua desobediência. Conforme artigo da Lei nº 8.429/92, constitui ato de improbidade administrativa, que atenta contra os princípios da Administração Pública, negar publicidade aos atos oficiais.

Probidade administrativa:

É um preceito que vincula todo administrador público, tendo o estatuto licitatório incluído este entre os seus princípios básicos. A probidade administrativa também é imposta ao administrador pela letra constitucional, que estabelece, no §4º de seu artigo 37, que os atos de improbidade administrativa importarão a suspensão dos direitos políticos, a perda da função pública, a indisponibilidade dos bens e o ressarcimento ao erário, na forma e na gradação previstas em lei, sem prejuízo da ação penal cabível.

Vinculação ao instrumento convocatório:

Em função de tal princípio, impõe-se o respeito às normas previamente estabelecidas como regramento do certame. O desacato à regra editalícia pode tornar o procedimento inválido, pela presunção de prejuízo à competitividade e à isonomia. De qualquer forma, o edital não é "lei entre os licitantes", ele é regra de competição que precisa, obrigatoriamente, adequar-se aos ditames legais e aos princípios administrativos.

Esse princípio inibe a criação de novas regras ou critérios, depois da expedição do Edital, de maneira a surpreender os licitantes.

Outro ponto de destaque é a possibilidade de alteração dos termos do Edital. O legislador mitigou esse princípio, mas exigiu que qualquer alteração significativa é necessário uma nova divulgação na mesma forma que se deu o texto original, reabrindo-se o prazo inicialmente estabelecido.

Sintetizando, o edital pode ser alterado, mas caso a alteração seja significativa, gerando a necessidade de alteração das propostas por parte dos licitantes, deverão ser observados os procedimentos listados pela Lei:

I. Divulgação do instrumento de convocação, da mesma maneira que anteriormente fora divulgado;

II. Reabertura dos prazos, a partir da nova divulgação, para a realização do restante dos eventos pendentes.

Julgamento objetivo:

O caráter vantajoso da proposta deve ser verificado em função de julgamento objetivo, de acordo com os critérios estabelecidos no instrumento convocatório, evitando--se subjetivismos e conotações individuais na aferição da melhor proposta a ser contratada.

4. Modalidades de licitação.

Modalidades de licitação são formas de realização do procedimento licitatório que visam ajustar às peculiaridades de cada tipo de negócio administrativo.

De acordo com o artigo 22, inciso XXVII, da Carta Magna, compete à união definir as modalidades de licitação. Assim, concluímos que somente Lei Federal, poderá instituir as modalidades licitatórias.

Atualmente, portanto, são 7 modalidades licitatórias:

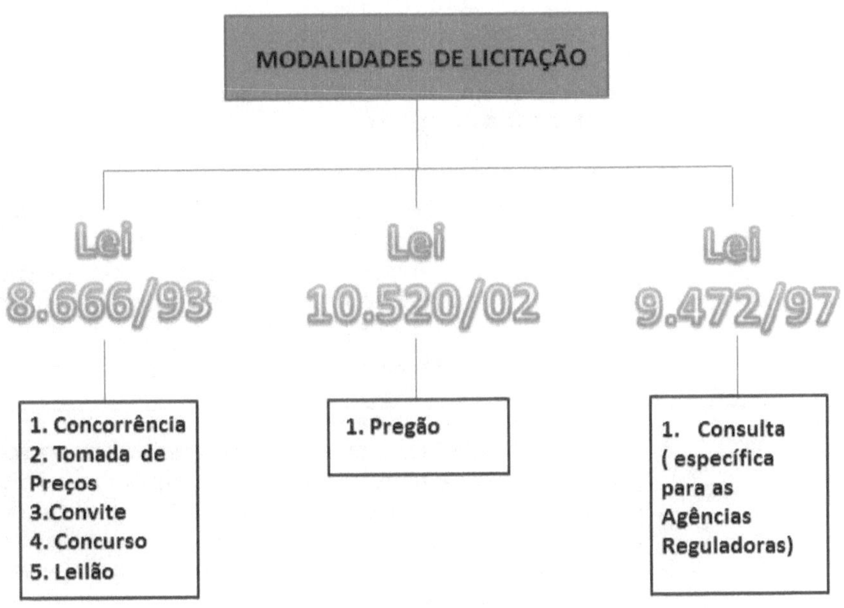

Lei nº 8.666/1993.

Concorrência	Modalidade de licitação entre quaisquer interessados que, na fase inicial de habilitação preliminar, comprovem possuir os requisitos mínimos de qualificação exigidos no edital para execução de seu objeto.
Tomada de Preços	Modalidade de licitação entre interessados devidamente cadastrados ou que atenderem a todas as condições exigidas para cadastramento até o terceiro dia anterior à data do recebimento das propostas, observada a necessária qualificação.
Convite	Modalidade de licitação entre interessados do ramo pertinente ao seu objeto, cadastrados ou não, escolhidos e convidados em número mínimo de 3 (três) pela unidade administrativa, a qual afixará, em local apropriado, cópia do instrumento convocatório e o estenderá aos demais cadastrados na correspondente especialidade que manifestarem seu interesse com antecedência de até 24 (vinte e quatro) horas da apresentação das propostas.
Concursos	Modalidade de licitação entre quaisquer interessados para escolha de trabalho técnico, científico ou artístico, mediante a instituição de prêmios ou remuneração aos vencedores, conforme critérios constantes de edital publicado na imprensa oficial com antecedência mínima de 45 (quarenta e cinco) dias.
Leilão	Modalidade de licitação entre quaisquer interessados para a venda de bens móveis inservíveis para a administração ou de produtos legalmente apreendidos ou penhorados, ou para a alienação de bens imóveis prevista no art. 19, a quem oferecer o maior lance, igual ou superior ao valor da avaliação.

Lei nº 10.520/2002.

Pregão	Modalidade de licitação válida para todas as esferas federativas e

	utilizada para contratação de bens e serviços comuns.

Lei nº 9.472/1997.

Consulta	Modalidade de licitação exclusiva da Agência Nacional de Telecomunicações – Anatel.

Atenção!

Não se pode confundir modalidades de licitação com os tipos de licitação, no qual tratam-se do critério de julgamento das propostas no âmbito do procedimento licitatório.

São tipos de licitação conforme o artigo 45 da Lei Geral de Licitações:

- Menor preço
- Melhor técnica
- Técnica e preço
- Maior lance e oferta.

A definição dos agentes responsáveis dependerá da modalidade de licitação adotada:

MODALIDADE	AGENTES PÚBLICOS
Concorrência	Comissão de licitação
Tomada de Preços	Comissão de licitação
Convite	Comissão de licitação Ou servidor responsável (art.51, parágrafo 1º, LGL)
Leilão	Leiloeiro (Oficial ou Administrativo)

Concurso	Comissão Especial (art. 51, parágrafo 5º, LGL)
Pregão	**Pregoeiro (auxiliado por equipe de apoio)**

5. Contratação Direta.

Outro tema de suma importância para o servidor responsável pelas compras e contratações, é saber a possibilidade de afastar o procedimento licitatório e optar pela contratação direta (sem licitação).

Insta salientar, que a regra no ordenamento jurídico pátrio, é a obrigatoriedade de prévia licitação para celebração de contratos administrativos.

Nesta senda, excepcionalmente, a Lei Geral de Licitação autoriza a realização de contratação direta sem licitação, nos seguintes casos:

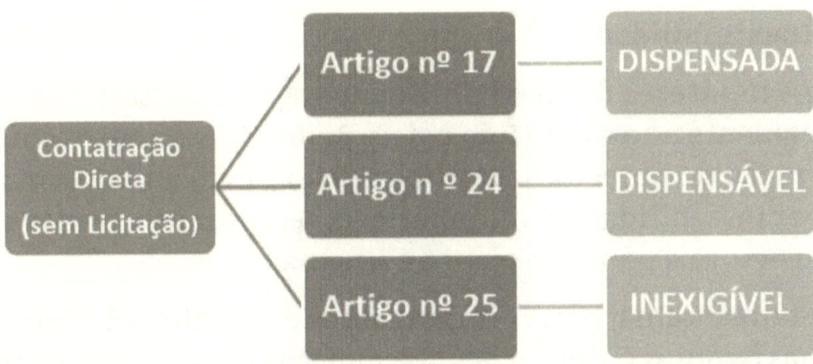

Licitação Dispensada.

Os casos de licitação dispensada não envolvem a possibilidade discricionária, como nas hipóteses convencionais de dispensa, de a Administração escolher entre promover a licitação ou realizar a contratação direta. Trata-se, portanto, de situações em que a contratação direta é uma **decisão vinculada**.

Licitação Dispensável

Previstos taxativamente no artigo 24 da Lei nº. 8.666/93, os casos de dispensa envolvem situações em que a competição é possível, mas sua realização pode não ser para a Administração **conveniente e oportuna**, à luz do interesse público. Assim, nos casos de dispensa, a efetivação da contratação direta é uma decisão discricionária da Administração Pública.

Inexigibilidade.

As hipóteses de inexigibilidade estão previstas exemplificativamente no artigo 25 da Lei nº. 8.666/93. São casos em que a realização do procedimento licitatório é logicamente impossível por inviabilidade de competição, seja porque o fornecedor é exclusivo, seja porque o objeto é singular.

Sobre o tema, temos importantes entendimentos enunciados nas famosas Orientações Normativas da Advocacia Geral da União:

Orientação Normativa nº 16:

"A contratação direta com fundamento na inexigibilidade prevista no art. 25, inc. I, da Lei n. 8.666, de 1993, é restrita aos casos de compras, não podendo abranger serviços".

Orientação Normativa nº 17:

"Compete à Administração averiguar a veracidade do atestado de exclusividade apresentado nos termos do art. 25, inc. I, da Lei n. 8.666, de 1993".

Orientação Normativa nº 18:

"Contrata-se por inexigibilidade de licitação com fundamento no art. 25, inc. II, da Lei n. 8.666, de 1993, conferencistas para ministrar cursos para treinamento e aperfeiçoamento de pessoal, ou a inscrição em cursos abertos, desde que caracterizada a singularidade do objeto e verificado tratar-se de notório especialista".

6. Diferença entre a Comissão de Licitação e o Pregoeiro.

Comissão de Licitação.

A comissão de licitação possui a função de conduzir o procedimento licitatório, mediante o recebimento, exame e julgamento todos os documentos e propostas nas modalidades concorrência, tomada de preço e convite.

Conforme o artigo 6º, inciso XVI, da Lei Geral de Licitação (Lei nº 8.666/93) define comissão de licitação como:

> XVI - Comissão - comissão, permanente ou especial, criada pela Administração com a função de receber, examinar e julgar todos os documentos e procedimentos relativos às licitações e ao cadastramento de licitantes.

A comissão permanente é designada para atuar em licitações por período determinado em caráter não eventual.

No entanto, a comissão especial é designada para atuar em licitações que demandam um conhecimento mais técnico, ou seja, naquelas licitações específicas que exijam maior qualificação de seus membros.

A designação é feita por ato da autoridade competente da entidade, segundo suas normas internas, por meio de portaria ou qualquer outro ato formal que tenha essa finalidade.

Com espeque no artigo 51 da Lei Geral de Licitação, a comissão permanente ou especial será formada por, no mínimo, três membros, sendo que, destes três, pelo menos dois devem ser servidores qualificados pertencentes aos quadros permanentes dos órgãos/entidades da Administração responsáveis pela licitação.

Insta salientar, o bom senso do legislador em permitir a substituição excepcionalmente da comissão por um único servidor, na modalidade de licitação convite, desde que se trate de pequenas unidades administrativas e em face da exiguidade de pessoal disponível.

A atuação da comissão finda com a ordem de classificação das propostas e com a manifestação acerca dos eventuais recursos interpostos. Após esse trâmite, o processo deve ser encaminhado para a autoridade superior, para homologação e adjudicação.

Os membros da comissão de licitação respondem solidariamente pelas decisões tomadas. Em outras palavras, a responsabilidade é compartilhada entre os integrantes, salvo se, em caso de discordância da decisão da maioria, tenha o membro registrado em Ata seu posicionamento contrário, conforme artigo 51, parágrafo 3º, da supracitada Lei:

> "Os membros das Comissões de licitação responderão **solidariamente** por todos os atos praticados pela Comissão, salvo se posição individual divergente estiver devidamente fundamentada e registrada em ata lavrada na reunião em que tiver sido tomada a decisão."

Sobre o tema manifestou-se Marçal Justen Filho:

> "Como a comissão delibera em conjunto, todos os seus integrantes têm o dever de cumprir a Lei e defender as funções atribuídas ao Estado. Mais ainda, cada membro da comissão tem o dever de opor-se à conduta dos demais inte-

> grantes, quando viciada.
>
> (...)
>
> A responsabilidade solidária dos membros da comissão não independe de culpa. O sujeito apenas pode ser responsabilizável na medida em que tenha atuado pessoal e culposamente para a concretização do ato danoso ou desde que tenha omitido (ainda que culposamente) os atos necessários a evitá-lo. Se o sujeito, por negligência, manifesta sua concordância com ato viciado, torna-se responsável pelas consequências. Se, porém, adotou as precauções necessárias e o vício era imperceptível não obstante a diligência empregada, não há responsabilidade pessoal. Sempre que o membro da comissão discordar da conduta de seus pares, deverá expressamente manifestar sua posição. Isso servirá para impedir a responsabilização solidária do discordante. A ressalva deverá ser fundamentada, apontando-se os motivos pelos quais o sujeito discorda da conduta alheia. É óbvio que a ressalva de nada servirá se não apontar o vício ocorrente."

Pregoeiro.

O legislador inovou na condução do procedimento na modalidade pregão, diferentemente da Lei nº 8.666/1993 na qual a responsabilidade pela condução é da comissão de licitação, no pregão o procedimento é conduzido por um único servidor, o famigerado Pregoeiro.

O pregoeiro é o representante da Administração, escolhido dentre os servidores do órgão ou da entidade promotora da licitação, com atribuições especiais em função do procedimento que lhe cabe cuidar.

É certo que a boa atuação do pregoeiro é fundamental para o eficaz resultado do pregão, principalmente por ser, em tese, o único responsável pelo processamento do certame, numa tarefa estressante e em permanente expectativa. O pregoeiro é, por conseguinte, peça chave para o sucesso da licitação.

O pregoeiro exerce a atribuição de julgador do certame (exerce poder de polícia, analisa e julga pretensões), para tanto deve possuir conhecimentos técnicos sobre a formalização do procedimento, além de conhecer o teor dos editais objeto de suas atribuições.

Este profissional, para desempenhar de forma eficaz suas atribuições, deve reunir, dentre outras, as seguintes características:

√ capacidade de liderança;

√ conhecimento da legislação aplicável;

√ agilidade, rapidez para tomar decisões;

√ controle emocional;

√ segurança, seriedade e transparência no processamento da licitação;

√ capacidade de negociação.

Destaca-se ainda o papel da equipe de apoio, o qual não se confunde com o papel do pregoeiro. Ela não tem qualquer competência decisória, tampouco poderes para a condução das atividades relativas à sessão do pregão. Sua função é prestar o necessário apoio ao pregoeiro.

Por fim, cabe esclarecer que a equipe de apoio, apesar de comissão de servidores, não tem idênticas atribuições àquelas entregues à comissão de licitação da Lei Geral de Licitação. Diferentemente disso, a equipe de apoio é de natureza tipicamente operacional, podendo ajudar nos debates para influenciar a convicção do Pregoeiro, no qual tem papel decisivo nas decisões.

Outro fator pouco explorado na prática cotidiana é o

poder-dever do Pregoeiro em negociar diretamente com o proponente para que seja obtido um preço ainda melhor, esse é o teor do inciso XVII do artigo 4º da Lei do Pregão:

> XVII - nas situações previstas nos incisos XI (examinada e aceita a proposta) e XVI (-se a oferta não for aceitável ou se o licitante desatender às exigências habilitatórias), o pregoeiro poderá negociar diretamente com o proponente para que seja obtido preço melhor;

7. Falta de servidores X Princípio da segregação de funções.

Não se demanda muito esforço de qualquer servidor para perceber a falta de recursos humanos nos diversos órgãos, autarquias e empresas públicas. Muito devido a enorme crise fiscal do Estado Brasileiro e a dificuldade em autorizar e realizar concursos públicos com certa frequência.

Assim, normalmente o servidor público se depara com situações na qual é responsável por todas as fases da compra/contratação no respectivo órgão.

Em que pesem tais adversidades, é importante conhecer o princípio da segregação de funções (muitas vezes não respeitado devido à falta de pessoal e a ânsia de fazer acontecer).

Sobre o tema, a doutrina aduz que: a segregação de funções decorre do princípio da moralidade, positivado no artigo 37 da Carta Maior, e consiste na necessidade de a administração repartir funções entre os agentes públicos cuidando para que esses indivíduos não exerçam atividades incompatíveis umas com as outras, especialmente aqueles que envolvam a prática de atos e, posteriormente, a fiscalização desses mesmos atos.

A rotatividade do desempenho de atividades é pressuposto à segregação de funções objetivando impedir que a mesma pessoa seja responsável por atividades sensíveis concomitantemente, mormente no que tange ao processo de aquisições públicas.

Invocando o Mestre Celso Antônio Bandeira de Mello, este princípio orienta que:

"a Administração e seus agentes tem de atuar

> na conformidade de princípios éticos. Violá-
> los implicará violação ao próprio Direito, confi-
> gurando ilicitude que assujeita a conduta vici-
> ada a invalidação."

Desta forma, para que a Administração atue de forma eficaz e em pleno atendimento aos princípios, em especial ao Princípio da Segregação das Funções, é fundamental que se estabeleçam critérios claros e definidos da sua organização interna, por meio da elaboração de um conjunto de rotinas administrativas que priorize a segregação de funções.

Com a clareza meridiana ensina a Advogada Jacinta Macedo Birkner Guimarães:

> "Aproximando o tema à seara de Licitações e Contratos Administrativos, temos que, em observância ao Princípio da Segregação de Funções, o Pregoeiro e sua equipe de apoio, assim como o presidente da CPL e seus membros, não podem ser responsáveis, por exemplo, pela elaboração do edital, acrescidos ainda de toda a gama de atribuições legais já impostas, inerentes à fase externa do certame. É cediço, por exemplo, que um pregoeiro, responsável pelo julgamento de impugnações, não terá a necessária imparcialidade para reconhecer a existência de um vício no edital por ele elaborado. Infelizmente, esta é a realidade de muitos Órgãos e Entidades da Administração, que relega a estes servidores a cumulação de atividades/funções incompatíveis entre si. Reforçamos, pois, o que instrui o TCU: "Acórdão: (...) 9.6.7. deve-se evitar a nomeação de mesmos servidores para atuar, nos processos de contratação, como requisitante, pregoeiro ou membro de comissão de licitação, fiscal de contrato e responsável pelo atesto da prestação de serviço ou recebimento de bens, em respeito ao princípio

da segregação de funções[1]".

É oportuno destacar o entendimento consubstanciado pelo Tribunal de Contas da União - TCU sobre a matéria:

> (...) Segregação de funções – Princípio básico do sistema de controle interno que consiste na separação de funções, nomeadamente de autorização, aprovação, execução, controle e contabilização das operações (...).
> (TCU, Portaria nº 63/96, Glossário).

Ademais, a segregação de funções é princípio básico de controle interno e consiste na separação de atribuições ou responsabilidades entre diferentes cargos e/ou funções, objetivando possibilitar o controle das etapas do processo de pregão por órgãos e/ou agentes públicos distintos visando impedir que a mesma pessoa seja responsável por mais de uma atividade sensível ao mesmo tempo.

Ademais, o TCU entende que as fases constantes do processo de contratações públicas e suprimentos devem ser desempenhadas por uma pluralidade de servidores, assente nos seguintes julgados.

> "[...] deve-se evitar a nomeação de mesmos servidores para atuar, nos processos de contratação, como requisitante, pregoeiro ou membro de comissão de licitação, fiscal de contrato e responsável pelo atesto da prestação de serviço ou recebimento de bens, em respeito ao princípio da segregação de funções [...]."
> TCU. Processo TC - 015.331/2009. Acórdão nº 5840/2012 - 2ª câmara Plenário

> "[...] observe boas práticas de segregação de funções, inclusive quanto a evitar que responsáveis por comissões de licitação/leilões sejam também responsáveis pelas áreas de suprimento envolvidas, em cumprimento a determinações do Tribunal.
> TCU. Processo nº TC - 018.116/2005-7. Acórdão nº 1913/2006 - 2º câmara.

Dependendo da criticidade da função, um prazo pode ser estabelecido para uma pessoa ocupar uma posição. A longa permanência de uma pessoa na mesma função pode encorajá-la a cometer fraude e corrupção, haja vista que conhecerá os controles existentes e a frequência e a profundidade das auditorias.[2]"

Ipso facto, smj, não se revela cabível a designação de pregoeiro para realizar execução e/ou fiscalização de contratos face a farta jurisprudência da Corte de Contas Federal.

8. Pregoeiro e o Pregão eletrônico.

O pregão eletrônico é regido pela Lei nº 10.520 de 2002 e regulamentado pelo Decreto nº 10.024 de 2019.

É bastante claro no supracitado decreto, a utilização da modalidade de pregão, na forma eletrônica, pelos órgãos da administração pública federal direta, pelas autarquias, pelas fundações e pelos fundos especiais é obrigatória.

Assim, o próprio regramento de forma didática traz em seus artigos um tipo de manual a se seguir (quando e como se deve iniciar o procedimento, fases, responsabilidades dos atores envolvidos, documentos obrigatórios e necessários), facilitando as ações do novo servidor.

Conforme o artigo 3º da Lei do pregão (Lei nº 10.520/2002) inicia-se o procedimento com a fase preparatória:

> A fase preparatória do pregão observará o seguinte:
>
> I - a autoridade competente justificará a necessidade de contratação e definirá o objeto do certame, as exigências de habilitação, os critérios de aceitação das propostas, as sanções por inadimplemento e as cláusulas do contrato, inclusive com fixação dos prazos para fornecimento;
>
> II - a definição do objeto deverá ser precisa, suficiente e clara, vedadas especificações que, por excessivas, irrelevantes ou desnecessárias, limitem a competição;
>
> III - dos autos do procedimento constarão a justificativa das definições referidas no inciso I deste artigo e os indispensáveis elementos técnicos sobre os quais estiverem apoiados, bem

como o orçamento, elaborado pelo órgão ou entidade promotora da   licitação, dos bens ou serviços a serem licitados; e

IV - a autoridade competente designará, dentre os servidores do órgão ou entidade promotora da licitação, o pregoeiro e respectiva equipe de apoio, cuja atribuição inclui, dentre outras, o recebimento das propostas e lances, a análise de sua aceitabilidade e sua classificação, bem como a habilitação e a adjudicação do objeto do certame ao licitante vencedor.

§ 1º A equipe de apoio deverá ser integrada em sua maioria por servidores ocupantes de cargo efetivo ou emprego da administração, preferencialmente pertencentes ao quadro permanente do órgão ou entidade promotora do evento.

9. Principais atores envolvidos no pregão eletrônico.

Autoridade competente.

Caberá à autoridade competente, de acordo com as atribuições previstas no regimento ou no estatuto do órgão ou da entidade promotora da licitação:

- Designar o pregoeiro e os membros da equipe de apoio;
- Indicar o provedor do sistema;
- Determinar a abertura do processo licitatório;
- Decidir os recursos contra os atos do pregoeiro, quando este mantiver sua decisão;
- Adjudicar o objeto da licitação, quando houver recurso;
- Homologar o resultado da licitação; e
- Celebrar o contrato ou assinar a ata de registro de preços.

Caberá ao pregoeiro, em especial:

- Conduzir a sessão pública;
- Receber, examinar e decidir as impugnações e os pedidos de esclarecimentos ao edital e aos anexos, além de poder requisitar subsídios formais aos responsáveis pela elaboração desses documentos;
- Verificar a conformidade da proposta em relação aos requisitos estabelecidos no edital;

- Coordenar a sessão pública e o envio de lances;
- Verificar e julgar as condições de habilitação;
- Sanear erros ou falhas que não alterem a substância das propostas, dos documentos de habilitação e sua validade jurídica;
- Receber, examinar e decidir os recursos e encaminhá-los à autoridade competente quando mantiver sua decisão;
- Indicar o vencedor do certame;
- Adjudicar o objeto, quando não houver recurso;
- Conduzir os trabalhos da equipe de apoio; e
- Encaminhar o processo devidamente instruído à autoridade competente e propor a sua homologação.

Para seu resguardo, o pregoeiro poderá solicitar manifestação técnica da assessoria jurídica ou de outros setores do órgão ou da entidade, a fim de subsidiar sua decisão.

Equipe de apoio

Grupo de agentes designados para prestar assistência ao pregoeiro, nesta senda, inferimos que os integrantes desse grupo deverão possuir conhecimento técnico específico sobre o objeto pretendido.

Portanto, caberá à equipe de apoio auxiliar o pregoeiro nas etapas do processo licitatório.

10. Fase do Pregão Eletrônico.

Conforme o Decreto nº 10.024/2019, a realização do pregão, na forma eletrônica, observará as seguintes etapas sucessivas:

- Planejamento da contratação;
- Publicação do aviso de edital;
- Apresentação de propostas e de documentos de habilitação;
- Abertura da sessão pública e envio de lances, ou fase competitiva;
- Julgamento;
- Habilitação;
- Recursal;
- Adjudicação; e
- Homologação.

11. Documentação Obrigatória do pregão eletrônico.

O processo relativo ao pregão, na forma eletrônica, será instruído com os seguintes documentos, no mínimo:

i. Estudo técnico preliminar, quando necessário;
ii. Termo de referência;
iii. Planilha estimativa de despesa;
iv. Previsão dos recursos orçamentários necessários, com a indicação das rubricas, exceto na hipótese de pregão para registro de preços;
v. Autorização de abertura da licitação;
vi. Designação do pregoeiro e da equipe de apoio;
vii. Edital e respectivos anexos;
viii. Minuta do termo do contrato, ou instrumento equivalente, ou minuta da ata de registro de preços, conforme o caso;
ix. Parecer jurídico;
x. Documentação exigida e apresentada para a habilitação;
xi. Proposta de preços do licitante;
xii. Ata da sessão pública, que conterá os seguintes registros, entre outros:

a) os licitantes participantes;

b) as propostas apresentadas;

c) os avisos, os esclarecimentos e as impugnações;

d) os lances ofertados, na ordem de classificação;

e) a suspensão e o reinício da sessão, se for o caso;

f) a aceitabilidade da proposta de preço;

g) a habilitação;

h) a decisão sobre o saneamento de erros ou falhas na proposta ou na documentação;

i) os recursos interpostos, as respectivas análises e as decisões; e

j) o resultado da licitação;

xiii.   Comprovantes das publicações:

a) do aviso do edital;

b) do extrato do contrato; e

c) dos demais atos cuja publicidade seja exigida; e

xiv.   Ato de homologação.

Após o ato de homologação realizado pela autoridade competente, exercendo um ato de controle, passar-se-á à fase de convocação do vencedor do pregão para celebração do contrato.

12. Considerações finais.

Ideou-se com o presente trabalho elucidar os temas pertinentes ao cotidiano do servidor público em matéria de licitações, distinguindo-os e comentando-os tendo por referência a legislação pátria e a jurisprudência das cortes superiores.

Assim, buscou apresentar as principais responsabilidades do Pregoeiro, exaltando algumas boas práticas que visam à melhoria da gestão dos recursos públicos no âmbito da execução do procedimento licitatório.

Nesse sentido, revela-se essencial o conhecimento da teoria (legislação, doutrina e jurisprudência) para adoção das melhores práticas no procedimento licitatório e consequentemente alcançar de forma plena os princípios da Administração Pública.

Para alcançar a almejada modernização administrativa e eficiência na contratação, o servidor deve buscar a permanente capacitação e por que não a inovação, respeitando as particularidades e legalidade, garantindo assim a adequada utilização dos recursos públicos.

Participar dos procedimentos de contratações/compras públicas é certeza de poder aplicar a teoria aprendida em prol da razão de ser um servidor público, ou seja, trabalhar para um país melhor, mais justo e eficiente.

CAPÍTULO 2.

A GESTÃO DO CONTRATO ADMINISTRATIVO DE TERCEIRIZAÇÃO COM ALOCAÇÃO EXCLUSIVA DE MÃO DE OBRA E A RESPONSABILIDADE DO PODER PÚBLICO

ROSÂNGELA GREMSKI LEVY

1. Conceito de Contratos Administrativos

Os contratos administrativos são manifestações de vontades bilaterais, entre um terceiro e a Administração Pública. E, como regra, os contratos que envolvam obras, serviços, compras e alienações são resultantes de um processo licitatório, que assegura igualdade de condições a todos os concorrentes (art. 37, inciso XXI da Constituição Federal). O que permite a observância do Princípio da Isonomia e a garantia da ampla concorrência, prevalecendo o interesse público.

Regido precipuamente por normas de Direito Público, nele estão previstas prerrogativas especiais para a Administração Pública, o que a doutrina denomina "cláusulas exorbitantes".

Exemplos destas são: a possibilidade de alteração unilateral do contrato pela Administração, sua rescisão unilateral, a fiscalização do contrato, a aplicação de penalidades por inexecução, entre outras.

A principal norma que trata dos contratos administrativos é a Lei 8.666/1993, que regulamenta o art. 37, inciso XXI, da Constituição Federal e institui normas para licitações e contratos da Administração Pública.

2. Princípios aplicáveis aos Contratos Administrativos

Os Princípios, como postulados fundantes aplicáveis à determinada matéria, também regem os contratos administrativos.

Nesta medida, grande parte deles estão expressamente previstos ou decorrem da Constituição Federal, empregando-se tanto na fase de planejamento da Contratação e Seleção do Fornecedor, como na Gestão do Contrato.

Como supra princípios aplicáveis (do qual se diz que decorrem todos os demais) temos o da Supremacia do Interesse Público sobre o Privado e o da Indisponibilidade do Interesse Público.

O primeiro deles, a Supremacia do Interesse Público sobre o Privado, determina que o interesse da coletividade se sobrepõe aos interesses individuais (o que justifica, inclusive, a utilização de poderes pela Administração não extensíveis aos particulares).

A Indisponibilidade do Interesse Público, por vezes, é vista como medida do Princípio anterior, pois o interesse público não pertence ao administrador, ou seja, não se encontra à disposição do agente público. Devendo este agir de acordo com as determinações legais.

Destes princípios enunciados, segundo a doutrina, decorrem os demais. Para fins deste estudo, destacamos os Princípios da Eficiência e da Economicidade.

O Princípio da Eficiência e da Economicidade possuem estreita vinculação, pois quando tratamos de custo-benefício estamos analisando se o gasto efetuado (economicidade) permite que sejam atingidos os objetivos públicos (eficiência). Embora não seja o único, a redução dos custos é um dos objetivos da eficiência, ao lado do atingimento dos resultados, com pleno atendimento e satisfação do usuário.

3. Contratos de terceirização de serviço

À Administração Pública é permitida a execução indireta de serviços, mediante Contratos Administrativos. Ou seja, em vez de executar serviços diretamente por seus servidores (admitidos por meio de concurso público), contrata empresa para que esta os realize, com o seu pessoal e sob a sua responsabilidade.

O Decreto n.º 9.507/2018 estabelece quais são as atividades que **não** serão objeto de execução indireta:

> Art. 3º Não serão objeto de execução indireta na administração pública federal direta, autárquica e fundacional, os serviços:
> I - que envolvam a tomada de decisão ou posicionamento institucional nas áreas de planejamento, coordenação, supervisão e controle;
> II - que sejam considerados estratégicos para o órgão ou a entidade, cuja terceirização possa colocar em risco o controle de processos e de conhecimentos e tecnologias;
> III - que estejam relacionados ao poder de polícia, de regulação, de outorga de serviços públicos e de aplicação de sanção; e
> IV - que sejam inerentes às categorias funcionais abrangidas pelo plano de cargos do órgão ou da entidade, exceto disposição legal em contrário ou quando se tratar de cargo extinto, total ou parcialmente, no âmbito do quadro geral de pessoal.
> § 1º Os serviços auxiliares, instrumentais ou acessórios de que tratam os incisos do **caput** poderão ser executados de forma indireta, vedada a transferência de responsabilidade para a realização de atos administrativos ou a tomada de decisão para o contratado.

Por meio de muitos destes contratos, a Administração Pública contrata empresas que, além do serviço a ser prestado, disponibilizam mão-de-obra para execução.

4. Gestão e fiscalização da execução dos contratos de terceirização de serviços

4.1 Da previsão legal

Tratando-se de prerrogativa conferida à Administração Pública, o art. 58 da Lei 8.666/1993 permite que esta realize a fiscalização da adequada execução do contrato administrativo, que tem como objeto a prestação do serviço pela empresa contratada. Inclusive, aplicando sanções motivadas pela inexecução total ou parcial do ajuste.

4.2 Da gestão contratual no âmbito federal

No âmbito federal, temos a Instrução Normativa do Ministério do Planejamento, Desenvolvimento e Gestão n.º 05 de 26 de maio de 2017, a qual dispõe sobre as regras e diretrizes do procedimento de contratação de serviços sob o regime de execução indireta.

Tal normativa deve ser observada para fins da adequada gestão e fiscalização contratual, fixando regras de suma importância para aqueles que tem a responsabilidade sobre contratos de serviços para a realização de tarefas executivas sob o regime de execução indireta. Isto com o objetivo de verificar o cumprimento dos resultados previstos pela Administração para os serviços contratados, a regularidade das obrigações previdenciárias, fiscais e trabalhistas, eventual aplicação de sanções, extinção dos contratos, visando a assegurar o cumprimento das cláusulas avençadas e a solução de problemas relativos ao objeto.

Especificamente sobre os contratos com alocação exclusiva de mão de obra, a IN n.º 05/2017 estabelece quais são os serviços que assim o são:

> Art. 17. Os serviços com regime de dedicação exclusiva de mão de obra são aqueles em que o modelo de execução contratual exija, dentre outros requisitos, que:
>
> I - os empregados da contratada fiquem à disposição nas dependências da contratante para a prestação dos serviços;
>
> II - a contratada não compartilhe os recursos humanos e materiais disponíveis de uma contratação para execução simultânea de outros contratos; e
>
> III - a contratada possibilite a fiscalização pela contratante quanto à distribuição, controle e supervisão dos recursos humanos alocados aos seus contratos.
>
> Parágrafo único. Os serviços de que trata o **caput** poderão ser prestados fora das dependências do órgão ou entidade, desde que não seja nas dependências da contratada e presentes os requisitos dos incisos II e III.

Na medida em que não se gera vínculo empregatício entre os empregados da contratada e a Administração, proíbe-se qualquer relação entre estes que caracterize pessoalidade e subordinação direta.

Até mesmo, a Administração ou os seus servidores devem abster-se de praticar atos de ingerência na administração da contratada, como exercendo a subordinação, vinculação hierárquica, prestação de contas, aplicação de sanção e supervisão direta sobre os empregados da contratada.

Veja-se que existe uma linha tênue entre a fiscalização e a

exigência de prestação adequada do serviço e aquela conduta que possa caracterizar vínculo direto com os terceirizados.

O cuidado deve ser mantido em todo o decorrer da execução contratual. Para tanto, são previstas certas situações para que por meio delas se consiga uma adequada prestação.

Na própria fase da contratação já há esta preocupação, o que se resolve por meio do Gerenciamento de Riscos, materializado pelo documento Mapa de Risco, que deve prever a melhor maneira de evitar ou reparar qualquer dano. Como exemplo de tratamento de riscos, podemos indicar a Conta-Depósito Vinculada e Pagamento pelo Fato Gerador, sendo que a escolha entre um ou outro deverá ser justificada com base na avaliação da relação custo-benefício.

Para permitir uma gestão e fiscalização efetiva são nomeados fiscais e gestores para que acompanhem de perto cada momento da execução contratual. De forma didática, a IN 05/2017 traz quais são as atribuições de cada um deles:

> Art. 40. O conjunto de atividades de que trata o artigo anterior compete ao gestor da execução dos contratos, auxiliado pela fiscalização técnica, administrativa, setorial e pelo público usuário, conforme o caso, de acordo com as seguintes disposições:
>
> I - Gestão da Execução do Contrato: é a coordenação das atividades relacionadas à fiscalização técnica, administrativa, setorial e pelo público usuário, bem como dos atos preparatórios à instrução processual e ao encaminhamento da documentação pertinente ao setor de contratos para formalização dos procedimentos quanto aos aspectos que envolvam a prorrogação, alteração, reequilíbrio, pagamento, eventual aplicação de sanções, extinção dos contratos, dentre outros;

II - Fiscalização Técnica: é o acompanhamento com o objetivo de avaliar a execução do objeto nos moldes contratados e, se for o caso, aferir se a quantidade, qualidade, tempo e modo da prestação dos serviços estão compatíveis com os indicadores de níveis mínimos de desempenho estipulados no ato convocatório, para efeito de pagamento conforme o resultado, podendo ser auxiliado pela fiscalização de que trata o inciso V deste artigo;

III - Fiscalização Administrativa: é o acompanhamento dos aspectos administrativos da execução dos serviços nos contratos com regime de dedicação exclusiva de mão de obra quanto às obrigações previdenciárias, fiscais e trabalhistas, bem como quanto às providências tempestivas nos casos de inadimplemento;

IV - Fiscalização Setorial: é o acompanhamento da execução do contrato nos aspectos técnicos ou administrativos quando a prestação dos serviços ocorrer concomitantemente em setores distintos ou em unidades desconcentradas de um mesmo órgão ou entidade; e

V - Fiscalização pelo Público Usuário: é o acompanhamento da execução contratual por pesquisa de satisfação junto ao usuário, com o objetivo de aferir os resultados da prestação dos serviços, os recursos materiais e os procedimentos utilizados pela contratada, quando for o caso, ou outro fator determinante para a avaliação dos aspectos qualitativos do objeto.

Para auxiliar os fiscais e gestores, são previstos instrumentos de controle que auxiliam na análise da execução dos contratos e compreendem a mensuração do alcance dos resultados, dos recursos humanos disponibilizados, dos recursos materiais utilizados, da adequação dos serviços prestados, da satisfação do público usuário e outras obrigações decorrentes do ajuste.

4.3 A responsabilidade do Poder Público diante do inadimplemento dos encargos trabalhistas pela empresa contratada

Celebrado o contrato de prestação de serviço com dedicação exclusiva de mão de obra por meio da terceirização, uma das circunstâncias a ser fiscalizada, são as obrigações trabalhistas da empresa com relação aos seus empregados.

Isto porque, embora não se forme vínculo entre os empregados terceirizados e a Administração Pública, esta, conforme legislação já mencionada, deve fiscalizar para que a empresa contratada cumpra com suas obrigações trabalhistas em relação aos empregados.

Ocorrendo o inadimplemento trabalhista por parte da empresa, a Lei 8.666/1993, no seu artigo 71, §1º, dispõe que **não** há transferência dos encargos trabalhistas, fiscais e comerciais à Administração Pública, para que esta responda por este pagamento, nem poderá onerar o objeto do contrato ou restringir a regularização e o uso das obras e edificações, inclusive perante o Registro de Imóveis.

O Supremo Tribunal Federal, inclusive, já se pronunciou no sentido da constitucionalidade de tal previsão.

> (...) É constitucional a norma inscrita no art. 71, § 1º, da Lei federal nº 8.666, de 26 de junho

> de 1993, com a redação dada pela Lei nº 9.032, de 1995.
>
> STF. Plenário. ADC 16, Rel. Min. Cezar Peluso, julgado em 24/11/2010.

A Justiça do Trabalho, por seu turno, julgava tais demandas aplicando uma exceção: condenava o Poder Público a responder subsidiariamente no caso de inadimplemento das obrigações trabalhista se ficasse demonstrada a sua culpa *"in vigilando"*, ou seja, a Administração Pública seria responsabilidade se ficasse comprovado que deixou de fiscalizar a empresa contratada. O que foi enunciado na Súmula 331 do TST:

> **CONTRATO DE PRESTAÇÃO DE SERVIÇOS. LEGALIDADE (nova redação do item IV e inseridos os itens V e VI à redação) - Res. 174/2011, DEJT divulgado em 27, 30 e 31.05.2011**
>
> I - A contratação de trabalhadores por empresa interposta é ilegal, formando-se o vínculo diretamente com o tomador dos serviços, salvo no caso de trabalho temporário (Lei nº 6.019, de 03.01.1974).
>
> II - A contratação irregular de trabalhador, mediante empresa interposta, não gera vínculo de emprego com os órgãos da Administração Pública direta, indireta ou fundacional (art. 37, II, da CF/1988).
>
> III - Não forma vínculo de emprego com o tomador a contratação de serviços de vigilância (Lei nº 7.102, de 20.06.1983) e de conservação e limpeza, bem como a de serviços especializados ligados à atividade-meio do tomador, desde que inexistente a pessoalidade e a subordinação direta.
>
> IV - O inadimplemento das obrigações trabalhistas, por parte do empregador, implica a responsabilidade subsidiária do tomador dos serviços quanto àquelas obrigações, desde

> que haja participado da relação processual e conste também do título executivo judicial.
>
> V - Os entes integrantes da Administração Pública direta e indireta respondem subsidiariamente, nas mesmas condições do item IV, caso evidenciada a sua conduta culposa no cumprimento das obrigações da Lei n.º 8.666, de 21.06.1993, especialmente na fiscalização do cumprimento das obrigações contratuais e legais da prestadora de serviço como empregadora. A aludida responsabilidade não decorre de mero inadimplemento das obrigações trabalhistas assumidas pela empresa regularmente contratada.
>
> VI – A responsabilidade subsidiária do tomador de serviços abrange todas as verbas decorrentes da condenação referentes ao período da prestação laboral.

Aplicando essa Súmula, a Justiça do Trabalho entendia que a culpa da Administração Pública era presumida, cabendo a esta provar que tinha agido com zelo e presteza, fiscalizando a execução do contrato.

Considerando o reconhecimento da culpa presumida, a Administração Pública novamente levou a situação ao Supremo Tribunal Federal, o qual se manifestou por meio de tese:

> O inadimplemento dos encargos trabalhistas dos empregados do contratado não transfere automaticamente ao Poder Público contratante a responsabilidade pelo seu pagamento, seja em caráter solidário ou subsidiário, nos termos do art. 71, § 1º, da Lei nº 8.666/93.
>
> STF. Plenário. RE 760931/DF, rel. orig. Min. Rosa Weber, red. p/ o ac. Min. Luiz Fux, julgado em 26/4/2017 (repercussão geral) (Info 862).

Passando, pois, a decidir no sentido de que a Administração

será responsabilizada subsidiariamente apenas quando houver prova efetiva da ausência de fiscalização, devendo ser demonstrado o nexo causal entre a conduta do Poder Público e o dano ocorrido (inadimplemento das obrigações trabalhistas).

5. Conclusão

Em prol do interesse público, todo o ajuste celebrado entre o Poder Público e o particular deve ser pautado nos Princípios da Administração Pública, fazendo com que os objetivos sejam alcançados da melhor forma e com o menor custo.

Sendo permitida a terceirização do serviço pela Administração Pública pelas normas, tal situação deve ocorrer respeitando as Leis e as normas internas de cada Poder, com atenção às fases de contração, seleção do fornecedor e gestão e fiscalização do contrato.

Obedecendo tais regras, evita-se a responsabilidade subsidiária do Poder Público perante a Justiça do Trabalho, nos casos de inadimplemento das obrigações trabalhista por parte da empresa contratada.

Tudo isso permite que sempre o interesse público seja o carro chefe de toda conduta da Administrativa Pública, não incidindo em qualquer ilegalidade ou inconstitucionalidade.

CAPÍTULO 3.

VEDAÇÃO AO RECEBIMENTO DE AUXÍLIO-TRANSPORTE QUANDO UTILIZADO VEÍCULO PRÓPRIO NA LOCOMOÇÃO – ANÁLISE DO POSICIONAMENTO DA ADMINISTRAÇÃO PÚBLICA FEDERAL FRENTE AOS PRINCÍPIOS CONSTITUCIONAIS E AO ENTENDIMENTO JUDICIÁRIO.

DANIEL RODRIGUES.

1. Conceituação e Previsão Legal

O auxílio-transporte constitui-se num benefício que prevê o ressarcimento parcial das despesas com transporte realizadas pelo servidor público em seus deslocamentos entre residência-trabalho-residência.

Esse benefício foi instituído pela Lei nº 7.418/1985, tendo sido regulamentado na esfera federal pelo Decreto nº 2.880/1998 e pela Medida Provisória nº 2.165-36/2001, que normatizaram o instituto no âmbito do Poder Executivo da União.

Considerando-se a interpretação literal que a Administração Pública faz em relação às disposições legais pertinentes ao auxílio-transporte e visando maior precisão no presente estudo, transcreve-se a seguir as disposições dos instrumentos legais mencionados anteriormente.

Lei nº 7.418/1985

Art. 1º Fica instituído o vale-transporte, (Vetado) que o empregador, pessoa física ou jurídica, antecipará ao empregado para utilização efetiva em despesas de deslocamento residência-trabalho e vice-versa, através do sistema de transporte coletivo público, urbano ou intermunicipal e/ou interestadual com características semelhantes aos urbanos, geridos diretamente ou mediante concessão ou permissão de linhas regulares e com tarifas fixadas pela autoridade competente, excluídos os serviços seletivos e os especiais.   (Redação dada pela Lei nº 7.619, de 30.9.1987)

Decreto nº 2.880/1998

Art. 1º O Auxílio-Transporte, de natureza jurídica indenizatória, e concedido em pecúnia pela União, será processado pelo Sistema Integrado de Administração de Recursos Humanos - SIAPE e destina-se ao custeio parcial de despesas realizadas com transporte coletivo municipal, intermunicipal ou interestadual pelos servidores ou empregados públicos da administração federal direta, autárquica e fundacional do Poder Executivo, nos deslocamentos de suas residências para os locais de trabalho e vice-versa, excetuadas aquelas realizadas nos deslocamentos em intervalos para repouso ou alimentação, durante a jornada de trabalho, e aquelas efetuadas com transporte seletivos ou especiais.

Medida Provisória nº 2.165-36/2001

Art. 1º Fica instituído o Auxílio-Transporte em pecúnia, pago pela União, de natureza jurídica indenizatória, destinado ao custeio parcial das despesas realizadas com transporte coletivo municipal, intermunicipal ou interestadual pelos militares, servidores e empregados públicos da Administração Federal direta, autárquica e fundacional da União, nos deslocamentos de suas residências para os locais de trabalho e vice-versa, excetuadas aquelas realizadas nos deslocamentos em intervalos para repouso ou alimentação, durante a jornada de trabalho, e aquelas efetuadas com transportes seletivos ou especiais.

(...)

Art. 2º O valor mensal do Auxílio-Transporte será apurado a partir da diferença entre as despesas realizadas com transporte coletivo, nos termos do art. 1º, e o desconto de seis por cento do:

I - soldo do militar;

II - vencimento do cargo efetivo ou emprego

ocupado pelo servidor ou empregado, ainda que ocupante de cargo em comissão ou de natureza especial;

III - vencimento do cargo em comissão ou de natureza especial, quando se tratar de servidor ou empregado que não ocupe cargo efetivo ou emprego.

§ 1º Para fins do desconto, considerar-se-á como base de cálculo o valor do soldo ou vencimento proporcional a vinte e dois dias.

§ 2º O valor do Auxílio-Transporte não poderá ser inferior ao valor mensal da despesa efetivamente realizada com o transporte, nem superior àquele resultante do seu enquadramento em tabela definida na forma do disposto no art. 8º.

§ 3º Não fará jus ao Auxílio-Transporte o militar, o servidor ou empregado que realizar despesas com transporte coletivo igual ou inferior ao percentual previsto neste artigo.

(...)

Art. 6º A concessão do Auxílio-Transporte far-se-á mediante declaração firmada pelo militar, servidor ou empregado na qual ateste a realização das despesas com transporte nos termos do art. 1º.

2. Posicionamento da Administração Pública Federal

A partir da análise das normas transcritas, verifica-se, num primeiro momento, que apenas as despesas decorrentes da utilização de transporte coletivo seriam parcialmente ressarcidas através do recebimento de auxílio-transporte. Essa interpretação literal, inclusive, é a adotada pela Administração Pública Federal em seu posicionamento a respeito do pagamento do referido auxílio, conforme explicitado através da Instrução Normativa nº 207/2019, do Ministério da Economia/Secretaria Especial de Desburocratização, Gestão e Governo Digital/Secretaria de Gestão e Desempenho de Pessoal, segundo a qual:

> Art. 1º O pagamento do auxílio-transporte, pago pela União, em pecúnia, possui natureza jurídica indenizatória, destinado ao custeio parcial das despesas realizadas com transporte coletivo municipal, intermunicipal ou interestadual pelo servidor ou empregado público da Administração Pública Federal direta, suas autarquias e fundações, nos deslocamentos de suas residências para os locais de trabalho e vice-versa.
>
> § 1º Para fins desta Instrução Normativa, entende-se por transporte coletivo o ônibus tipo urbano, o trem, o metrô, os transportes marítimos, fluviais e lacustres, dentre outros, desde que revestidos das características de transporte coletivo de passageiros e devidamente regulamentados pelas autoridades competentes.
>
> (...)
>
> Art. 2º É vedado o pagamento de auxílio-trans-

porte:

> I - quando utilizado veículo próprio ou qual-
> quer outro meio de transporte que não se en-
> quadre na disposição contida no §1º do art. 1º
> desta Instrução Normativa.

Cabe lembrar que, conforme ensinam GAGLIANO e PAM-PLONA FILHO (2011, 106), interpretação literal é aquela que se dá a partir unicamente da análise sintática dos termos gramaticais que compõem o enunciado normativo. Essa interpretação, apesar de útil na análise de dispositivos específicos, de forma a evitar ambiguidades ou contradições óbvias nesses dispositivos, mostra-se insuficiente quando a matéria contrapõe diferentes valores igualmente protegidos pela Constituição da República.

Com a utilização da interpretação literal, o que a Administração faz, em sua análise, é procurar encaixar o caso concreto que se lhe apresenta à regra literal que a lei lhe põe à disposição, ou seja, utiliza-se do tradicional método subjuntivo. Sobre esse método, esclarecedora a passagem de BARROSO (2015):

> Esse modo de raciocínio jurídico utiliza, como premissa de seu desenvolvimento, um tipo de norma jurídica que se identifica como regra. Regras são normas que especificam a conduta a ser seguida por seus destinatários. O papel do intérprete, ao aplicá-las, envolve uma operação relativamente simples de verificação da ocorrência do fato constante do seu relato e da declaração da consequência jurídica correspondente. (p. 332).

Nos casos em que dois ou mais bens ou valores, todos constitucionalmente albergados, se encontram em conflito, a forma mais adequada de se analisar as disposições legais, sem desconsiderar ou afrontar os desígnios constitucionais ou o arcabouço jurídico em que inseridas, é através de interpretações que levem em conta não apenas a letra da lei, mas também os princípios e valores abraçados pelo ordenamento jurídico em geral e pela Constituição em particular.

A esse respeito, de forma a sustentar um tratamento mais adequado das disposições legais relativas ao auxílio-transporte no âmbito da Administração Pública, consigna-se a existência de princípios amplamente utilizados no âmbito da hermenêutica constitucional como meios de dirimir conflitos entre suas disposições. Quais sejam, princípio da unidade da Constituição, segundo o qual as normas não existem e, consequentemente, não devem ser interpretadas, de forma isolada, sua existência se dá num contexto mais amplo de intercorrelação com outras regras e princípios, bem como com todo o arcabouço jurídico que lhe dá validade jurídica e do qual ela também serve de sustentáculo; princípio da concordância prática ou da harmonização, baseado no qual deve-se, na análise de um caso concreto em que diferentes valores protegidos estejam em conflito, evitar a recusa total de um deles, procurando, na medita do possível, efetivar o máximo possível de cada um, por mais que indubitavelmente um acabe prevalecendo sobre o outro; princípio da força normativa da Constituição, com base nesse princípio, o intérprete, na análise de um caso concreto, deve dar preferência para aquele ponto de vista que conferir maior efetividade ao texto constitucional; princípio da máxima efetividade, estabelece que os intérpretes do texto constitucional devem privilegiar a interpretação de suas normas de forma a otimizar a efetividade da Constituição; princípio da interpretação conforme a Constituição, de acordo com o qual, na análise de uma norma legal, o intérprete deve privilegiar o sentido que esteja de acordo com a Constituição, evitando-se uma interpretação que lhe torne inconstitucional.

A partir desses registros, é fácil perceber que a interpretação literal e descontextualizada das normas referentes ao auxílio-transporte, efetuada pela Administração Pública, acarreta afronta a princípio constitucional, no caso ao da isonomia, na medida que cria injustificável desigualdade entre os servidores públicos, ao distingui-los entre aqueles que se deslocam para o local de trabalho utilizando-se de transporte coletivo e aqueles que se utilizam de meio próprio de transporte para irem trabalhar.

Diferentemente das demais restrições constantes dos dispositivos legais anteriormente colacionados – vedação de pagamento do auxílio-transporte nos deslocamentos em intervalos para repouso ou alimentação durante a jornada, interdição de utilização de transportes seletivos ou especiais, previsão de desconto de percentual calculado sobre o soldo ou o vencimento proporcional a 22 dias úteis e não pagamento a quem realizar despesas com transporte em valor inferior a seis por cento do soldo ou vencimento – que possuem caráter geral, ou seja, aplicam-se a todos e quaisquer servidores, a proibição de pagamento do auxílio-transporte aos servidores que utilizam veículo próprio afronta manifestamente a Constituição da República. Por não possuir balizamento que lhe garanta a existência, essa proibição é equivalente a uma disposição hipotética que concedesse o mencionado auxílio a servidores do sexo masculino e o negasse àquelas do sexo feminino. Por óbvio que uma tal disposição não contaria com o beneplácito da Administração Pública, por flagrantemente macular o princípio da igualdade previsto na Constituição da República. No entanto, em relação à concessão de auxílio-transporte aos servidores que não utilizam transporte público para irem trabalhar, a Administração Pública adota um posicionamento que desconsidera essa mesma afronta ao princípio da igualdade.

3. Lei de Caráter Restritivo, Casuístico ou Discriminatório

Ao se analisar, e aceitar, as normas ora tratadas apenas pelo viés literal de suas disposições, acaba-se por admitir a existência de uma lei restritiva, de caráter casuístico ou discriminatório, que, obviamente, agride o princípio da isonomia.

Conforme ensina MENDES (2009), o sistema constitucional brasileiro inadmite leis que estabeleçam tratamento discriminatório ou arbitrário, com o objetivo de se restringir direitos. Em suas palavras:

> Outra limitação implícita que há de ser observada diz respeito à proibição de leis restritivas, de conteúdo casuístico ou discriminatório. Em outros termos, as restrições aos direitos individuais devem ser estabelecidas por leis que atendam aos requisitos da generalidade e da abstração, evitando, assim, tanto a violação do princípio da igualdade material quanto a possibilidade de que, por meio de leis individuais e concretas, o legislador acabe por editar autênticos atos administrativos.
>
> (...)
>
> Como amplamente admitido na doutrina, tal princípio deriva do postulado material da igualdade, que veda o tratamento discriminatório ou arbitrário, seja para prejudicar, seja para favorecer. (p. 373)

Ainda sobre o tema, tem-se as palavras do jurista português José Joaquim Gomes Canotilho:

> As razões materiais desta proibição sintetizam-se da seguinte forma: (a) as leis particulares (individuais e concretas), de natureza restritiva, violam o princípio material da igualdade, discriminando de forma arbitrária, quanto à imposição de encargos para uns cidadãos em relação aos outros; (b) as leis individuais e concretas restritivas de direitos, liberdades e garantias representam a manipulação da forma da lei pelos órgãos legislativos ao praticarem um ato administrativo individual e concreto sob as vestes legais (os autores discutem a existência, neste caso, de abuso de poder legislativo e violação do princípio da separação dos poderes); (c) as leis individuais e concretas não contêm uma normatização dos pressupostos da limitação, expressa de forma previsível e calculável e, por isso, não garantem aos cidadãos nem a proteção da confiança nem alternativas de ação e racionalidade de atuação. (apud, MENDES, 2009, p. 373).

Percebe-se, a partir daí, que a concessão de auxílio-transporte apenas aos servidores que utilizam serviço de transporte coletivo na locomoção mostra-se arbitrária por não prever a normatização dos fundamentos que embasam tal restrição. Com efeito, não há na interpretação da Administração Pública justificativa material para a não concessão do benefício aos servidores que utilizam veículo próprio para se deslocarem ao trabalho. A justificativa é meramente formal, ou seja, por haver nos dispositivos legais que tratam do auxílio-transporte menção a "utilização de transporte coletivo", passou-se a entender que o auxílio transporte seria devido apenas àquelas pessoas que efetivamente utilizassem o transporte público para se locomoverem de suas casas ao trabalho e vice-versa.

No presente caso, a utilização unicamente da interpretação

literal para se decidir a respeito da concessão ou não do benefício de auxílio-transporte mostra-se inadequada, por desconsiderar todo o arcabouço principiológico que permeia a Constituição da República bem como as complexas relações que se desenvolvem em seu âmago quando da ocorrência de conflitos entre diferentes princípios por ela acolhidos.

Em função disso, far-se-á no tópico seguinte algumas considerações a respeito do sistema principiológico da Constituição da República, bem como tratar-se-á de alguns princípios mais especificamente.

4. Sistema Principiológico da Constituição Brasileira

Em sua estrutura, o ordenamento jurídico brasileiro conforma-se com a ideia difundida por Hans Kelsen a respeito da norma hipotética fundamental. Sistema no qual o fundamento de validade de uma norma jurídica encontra-se em outra norma, anterior e hierarquicamente superior àquela. Da mesma forma, esta norma superior teria o seu fundamento de validade garantido por outra norma localizada numa posição hierárquica ainda mais superior. E assim sucessivamente.

Percebendo que esse raciocínio levaria a um sem número de normas cada vez mais altas na hierarquia do sistema, Kelsen introduziu o conceito da norma hipotética fundamental, ou seja, uma norma que seria o fundamento de validade de todas as outras dela decorrentes e que, hipoteticamente, não se apoiaria em nenhuma outra.

Pois bem, trazendo essa ideia para a realidade brasileira, tem-se que a Constituição da República ocupa a base do sistema jurídico do País. É ela que garante a força normativa dos diplomas legais que lhe são hierarquicamente inferiores. Mais que isso, é ela quem prevê a existência das diversas espécies normativas, nos termos do seu artigo 59, que inicia o tema referente ao processo legislativo no texto constitucional. Como norma fundamental do sistema, a supremacia de suas normas advém do próprio poder constituinte originário, que estabeleceu as bases, valores e princípios em que ela e, consequentemente, todo o ordenamento jurídico e estatal decorrente deveria se apoiar.

E para garantir a integridade do sistema, de forma que os dispositivos legais inferiores efetivamente tenham apoio de validade nos superiores e, em último caso, na Constituição, os instrumentos legais de hierarquia inferior, por óbvio, não podem contrariar ou contradizer os superiores.

No caso de ocorrência de confronto entre normas jurídicas de hierarquias diferentes, deve-se descartar a de menor hierarquia, de modo a se preservar a integridade não só das normas superiores, mas de todo o sistema, incluindo aí, além dos disposições positivadas, também os valores e princípios irmanados no sistema.

Comentando as mudanças de paradigmas por que passaram as constituições no século passado, da ideia de serem apenas proposições políticas não vinculantes até adquirirem o status de efetivas normas jurídicas, BARROSO (2015) apresenta, a respeito da importância das Constituições como fundamento dos sistemas jurídicos, a seguinte passagem, que muito bem esclarece o ponto que acabou de ser exposto.

> Desse reconhecimento de caráter jurídico às normas constitucionais resultam consequências especialmente relevantes, dentre as quais se podem destacar:
>
> a) a Constituição tem aplicabilidade direta e imediata às situações que contempla, inclusive e notadamente as referentes à proteção e promoção dos direitos fundamentais. Isso significa que as normas constitucionais passam a ter um papel decisivo na postulação de direitos e na fundamentação de decisões judiciais;
>
> b) a Constituição funciona como parâmetro de validade de todas as demais normas jurídicas do sistema, que não deverão ser aplicadas quando forem com ela incompatíveis. A maior parte das democracias ocidentais possui supremas cortes ou tribunais constitucionais que exercem o poder de declarar leis e atos normativos inconstitucionais;
>
> c) os valores e fins previstos na Constituição devem orientar o intérprete e o aplicador do

> Direito no momento de determinar o sentido e o alcance de todas as normas jurídicas infra-constitucionais, pautando a argumentação jurídica a ser desenvolvida. (p. 232).

No mesmo sentido, e ainda mais assertiva, é a lição de COELHO (2009) a respeito da supremacia das normas constitucionais:

> Daí se falar em supremacia constitucional formal e material, no sentido de que qualquer ato jurídico – seja ele normativo ou de efeito concreto –, para ingressar ou permanecer, validamente, no ordenamento, há se mostrar conforme aos preceitos da Constituição. (p. 14-15)

Neste ponto, é importante destacar que, a despeito de se ter iniciado o tópico evocando os ensinamentos de Hans Kelsen, reconhecido expoente do positivismo jurídico, e das menções feitas a "normas" e "dispositivos" constitucionais e mesmo a "diplomas" legais, nem sempre os valores e princípios encampados pela Constituição despontam explicitamente em seu texto. Não é por isso que deixam de ter o amparo da lei fundamental. É o que ocorre, por exemplo, com o princípio da razoabilidade que, mesmo não aparecendo textualmente na Constituição, não pode ser afrontado ou desconsiderado pela legislação infra-constitucional, sob pena de o diploma legal ser maculado pela inconstitucionalidade.

E falta de razoabilidade, inclusive, foi o que faltou à Administração Pública ao se posicionar contrariamente à concessão de auxílio-transporte aos servidores que utilizam veículo próprio para se deslocarem ao trabalho.

Além do princípio da razoabilidade, mencionou-se alhures

que o posicionamento da Administração Pública também colide frontalmente com o princípio da isonomia. Desse modo, apresentar-se-á a seguir breves considerações a respeito desse princípio e, também, a respeito do princípio da legalidade, o qual deve permear toda e qualquer atuação da Administração Pública.

4.1. Princípio da Isonomia

Refere-se esse preceito ao clássico princípio da igualdade, previsto no caput do art. 5º da Constituição da República. Conforme o texto constitucional, todos são iguais perante a lei, sem distinção de qualquer natureza. Não se trata apenas de igualdade formal, mas, também, de igualdade material. Pois, em outras palavras, o dispositivo constitucional refere-se a ensinamento desenvolvido desde os filósofos da Grécia Antiga, segundo o qual, igualdade é tratar igualmente os iguais e desigualmente os desiguais.

COELHO (2009) menciona que, em função de a Constituição fazer referência a igualdade "perante a lei", a jurisprudência passou a diferenciar "igualdade na lei" de "igualdade perante a lei". Em suas palavras:

> (...) a primeira tendo por destinatário precípuo o legislador, a quem seria vedado valer-se da lei para fazer discriminações entre pessoas que mereçam idêntico tratamento; a segunda, dirigida principalmente aos intérpretes/aplicadores da lei, impedir-lhes-ia de concretizar enunciados jurídicos dando tratamento distinto a quem a lei encarou como iguais. (p. 179)

Essa passagem escancara bem a impropriedade do posicionamento da Administração Pública, no tocante à concessão de auxílio-transporte quando utilizado veículo próprio na loco-moção, quando considerados os desígnios do princípio da iso-nomia.

4.2. Princípio da Legalidade

Esse princípio também vem inscrito no art. 5º da Constitui-ção da República, especificamente no inciso II, estabelecendo que ninguém será obrigado a fazer ou deixar de fazer alguma coisa senão em virtude de lei. Além disso, ele é novamente repe-tido no caput do art. 37 do texto constitucional, como um man-damento de submissão à administração pública.

No primeiro caso, o princípio garante às pessoas em geral a liberdade de fazerem tudo aquilo que não é proibido pelas leis da Nação. Já no segundo, o sentido é outro, o de que a admi-nistração pública está autorizada a fazer unicamente o que está previsto na legislação, ou seja, não pode ela inovar para além dos limites que a lei lhe estabeleceu, é o chamado princípio da legalidade estrita. Com essa diferenciação, visa o mandamento constitucional a proteger o cidadão de eventuais abusos do poder público.

Nas palavras de Maria Sylvia Zanella di Pietro (2016):

> Este princípio, juntamente com o de controle da Administração pelo Poder Judiciário, nas-ceu com o Estado de Direito e constitui uma das principais garantias de respeito aos direi-tos individuais. Isto porque a lei, ao mesmo tempo em que os define, estabelece também os limites da atuação administrativa que tenha por objeto a restrição ao exercício de tais direi-tos em benefício da coletividade. (p.95)

Como se vê, nem mesmo com base no princípio da legalidade estrita pode a Administração Pública valer-se da interpretação literal de um dispositivo legal para restringir direitos ou criar distinção entre pessoas que, na visão do ordenamento jurídico, se encontrem em igualdade de condições.

Dito isso, atente-se, a seguir, para o posicionamento do Poder Judiciário a respeito do tema que se vem de analisar.

5. Entendimento Judiciário

Considerando que o presente estudo a respeito do não pagamento de auxílio-transporte em decorrência do uso de veículo próprio na locomoção restringe-se à posição encampada pela Administração Pública Federal, verificar-se-á o posicionamento que vem sendo adotado pelo Poder Judiciário apenas no âmbito da Justiça Federal, tanto dos Tribunais Regionais Federais – TRFs quanto do Superior Tribunal de Justiça – STJ.

Com o propósito de não se estender desnecessariamente, apresentar-se-á a ementa representativa de um julgado de cada TRF e de alguns do STJ.

> Tribunal Regional Federal da Primeira Região – TRF1
>
> PJe- CONSTITUCIONAL. ADMINISTRATIVO. SERVIDOR PÚBLICO. AUXÍLIO-TRANSPORTE. MEDIDA PROVISÓRIA 2.165-36/2001. DESLOCAMENTO COM VEÍCULO PRÓPRIO DO SERVIDOR. POSSIBILIDADE. APRESENTAÇÃO DO BILHETE DE PASSAGEM COMO EXIGÊNCIA PARA O PAGAMENTO DO BENEFÍCIO. DESNECESSIDADE. 1. A atribuição de efeito suspensivo ao recurso interposto confunde-se com o mérito da questão, uma vez que, julgado o recurso de apelação interposto, a apreciação de atribuição de efeito suspensivo ao mesmo resta prejudicada, em razão da perda de seu objeto. 2. Segundo a jurisprudência do STJ, o auxílio-transporte tem por fim o custeio de despesas realizadas pelos servidores públicos com transporte, nos deslocamentos entre a residência e o local de trabalho e vice-versa, seja através de veículo próprio ou coletivo municipal, intermunicipal ou interestadual. 3. A concessão do

benefício está condicionada apenas à declaração subscrita pelo servidor, atestando a realização das despesas, fato que torna indevida a exigência de apresentação dos bilhetes utilizados no deslocamento. 4. Apelação não provida. 5. Remessa oficial não conhecida.   (TRF1 – 1ª Turma – AC 1007123-80.2018.4.01.3801/ 10071238020184013801 – Relatora: Gilda Sigmaringa Seixas – Publicação: 12/03/2020)

Tribunal Regional Federal da Segunda Região – TRF2

ADMINISTRATIVO. UTILIZAÇÃO DE VEÍCULO PARTICULAR NOS DESLOCAMENTOS PARA O TRABALHO. PAGAMENTO DE AUXÍLIO-TRANSPORTE. CUMPRIMENTO DOS REQUISITOS LEGAIS. POSSIBILIDADE. -O auxílio-transporte foi criado pela Medida Provisória nº 2.165- 36/2001, a qual, além de instituir tal benefício, dispõe sobre o pagamento dos militares e dos servidores do Poder Executivo Federal, inclusive de suas autarquias, fundações, empresas públicas e sociedades de economia mista. -Da leitura dos artigos 1º, 4º e 6º da referida Medida Provisória, constata-se que a concessão do benefício em comento foi condicionada à apresentação de declaração firmada pelo beneficiário, a qual se presumirá verdadeira, não sendo vedada a sua percepção em caso de utilização de veículo de uso próprio, nos deslocamentos entre a residência e o local de trabalho, e vice-versa, sendo a referência ao transporte coletivo empregada apenas para fins de cálculo do benefício. - Precedentes do STJ citados. -Recurso provido para conceder a segurança, possibilitando o pagamento do auxílio em análise, desde que cumpridos os requisitos legais, mesmo que utilizado veículo particular. (TRF2 – 8ª Turma Especializada – AC 0229040-78.2017.4.02.5101 (TRF2

2017.51.01.229040-1) – Relatora: Vera Lúcia Lima – Disponibilização: 20/12/2019)

Tribunal Regional Federal da Terceira Região – TRF3

AGRAVO DE INSTRUMENTO. MANDADO DE SEGURANÇA. SERVIDOR. AUXÍLIO TRANSPORTTE. MP Nº 2.165-36/2001. USO DE VEÍCULO PRÓPRIO. LEGALIDADE. PRECEDENTES DO C. STJ. CUSTEIO. RESSARCIMENTO. DESLOCAMENTO IN ITINERE. AGRAVO DE INSTRUMENTO NÃO PROVIDO.

1. Ainda que o artigo 1º da MP nº 2.165-36/2001 faça menção ao "custeio parcial das despesas realizadas com transporte coletivo municipal, intermunicipal ou interestadual", não se pode olvidar que a finalidade da instituição do benefício é o custeio ou ressarcimento, ainda que parcial, das despesas com o transporte nos deslocamentos da residência do servidor até o local de trabalho e vice-versa, mantendo a integralidade dos vencimentos do servidor.

2. Ainda que o servidor opte por utilizar veículo próprio, permanece o direito ao recebimento do benefício. Precedentes do C. STJ.

3. Não se trata de aumento de vencimentos, mas, diversamente, de instituição de benefício cujo objetivo é custear ou ressarcir, ainda que parcialmente, as despesas com o transporte nos deslocamentos da residência do servidor até o local de trabalho e vice-versa.

4. Agravo de instrumento não provido. (TRF3 – 1ª Turma – AI 5022323-25.2019.4.03.0000 – Relator: Wilson Zauhy Filho – Publicação: 22/04/2020)

Tribunal Regional Federal da Quarta Região –
TRF4

ADMINISTRATIVO. AGRAVO DE INSTRU-
MENTO. CUMPRIMENTO DE SENTENÇA. TÍ-
TULO EXECUTIVO JUDICIAL. NECESSIDADE
DE COMPROVAÇÃO. AUXÍLIO-TRANSPORTE.
VEÍCULO PRÓPRIO. DESNECESSIDADE DE
COMPROVAÇÃO.

O auxílio-transporte é devido a todos os servidores que utilizam algum meio de transporte, público ou privado, para se deslocarem entre sua residência e o local de
trabalho, independentemente da apresentação de documentos comprobatórios dos valores despendidos. (TRF4 – 4ª Turma – AG
5053958-94.2019.4.04.0000 – Relatora: Vi-
vian Josete Pantaleão Caminha – Data da Decisão: 11/03/2020)

Tribunal Regional Federal da Quinta Região –
TRF5

PROCESSUAL CIVIL E ADMINISTRATIVO. LE-
GITIMIDADE PASSIVA. SERVIDOR PÚBLICO.
AUXÍLIO-TRANSPORTE. UTILIZAÇÃO DE VEÍ-
CULO PRÓPRIO. POSSIBILIDADE.

1. Remessa oficial e apelação manejada em
face de sentença que julgou parcialmente pro-
cedente o pedido em ação ordinária movida
por servidor reconhecendo-lhe o direito de
perceber auxílio-transporte relativo ao deslocamento residência-trabalho-residência, previsto na MP nº 2.165-36/2001, a despeito de
utilizar utiliza veículo próprio, a partir do requerimento administrativo;

(...)

4. O auxílio-transporte tem o condão de mini-

mizar as despesas do servidor público com o deslocamento para o trabalho. Não é razoável, assim, vedar o pagamento ao servidor que utiliza veículo próprio, sendo certo que os valores a serem considerados como base para o seu pagamento são aqueles que seriam devidos se fizesse uso de transporte coletivo;

5. Apelação e remessa oficial improvidas. (TRF5 – 2ª Turma – APELREEX 08077963820184058201 – Relator: Frederico Dantas – Data do Julgamento: 07/04/2020)

Superior Tribunal de Justiça – STJ

PROCESSUAL CIVIL E ADMINISTRATIVO. SERVIDOR PÚBLICO. SÚMULA 83 O STJ. PRECEDENTE DA CORTE ESPECIAL. DESNECESSIDADE. NOVAÇÃO RECURSAL. DESCABIMENTO. AUXÍLIO-TRANSPORTE. USO DE VEÍCULO PRÓPRIO OU COLETIVO. POSSIBILIDADE

(...)

4. Os valores pagos a título de auxílio-transporte têm a finalidade de custear as despesas realizadas pelos servidores públicos para deslocamentos entre a residência e o local de trabalho e vice-versa, sendo devido a quem utiliza veículo próprio ou coletivo.

5. Agravo interno desprovido. (STJ – 1ª Turma – AgInt no AREsp 1383916/RS – Relator: Gurgel de Faria – Publicação: 20/08/2019)

PROCESSUAL CIVIL E ADMINISTRATIVO. AGRAVO INTERNO NO AGRAVO EM RECURSO ESPECIAL. ENUNCIADO ADMINISTRATIVO 3/STJ. SERVIDOR PÚBLICO FEDERAL. CONCESSÃO DE AUXÍLIO TRANSPORTE. UTILIZAÇÃO DE VEÍCULO PRÓPRIO. ART. 1º DA MP N. 2.165-36/2001. POSSIBILIDADE. ACÓRDÃO RECORRIDO EM SINTONIA COM

> A JURISPRUDÊNCIA DOMINANTE NESTE E.STJ. AGRAVO INTERNO NÃO PROVIDO.
>
> 1. A orientação do Superior Tribunal de Justiça é no sentido de que o auxílio-transporte tem por fim o custeio de despesas realizadas pelos servidores públicos com transporte, através de veículo próprio ou coletivo municipal, intermunicipal ou interestadual, relativas aos deslocamentos entre a residência e o local de trabalho e vice-versa.
>
> 2. Agravo interno não provido. (STJ – 2ª Turma – AgInt no AREsp 1124998/SP – Relator: Mauro Campbell Marques – Publicação: 07/11/2017)

Conforme se percebe, no âmbito judiciário, a questão está pacificada, todos os Tribunais Regionais Federais, juntamente com o Superior Tribunal de Justiça, adotam o entendimento de que o uso de veículo próprio no deslocamento não é óbice para o não recebimento do auxílio-transporte.

6. Considerações Finais

No presente trabalho, procurou-se evidenciar um tema representativo de controvérsia no âmbito da Administração Pública Federal em que se contrapõem o entendimento defendido pela Administração e as regras e normas do sistema jurídico pátrio.

A questão envolvendo o pagamento de auxílio-transporte aos servidores que se utilizam de veículo próprio para se deslocarem ao trabalho é apenas um dentre tantos casos que, em decorrência de entendimento equivocado ou restritivo da Administração Pública, obriga os servidores a se socorrerem junto ao Poder Judiciário para verem seus direitos garantidos.

No caso apresentado, mesmo com a questão já pacificada no Poder Judiciário, a Administração Pública Federal continua esposando o entendimento de que fazem jus ao auxílio-transporte apenas aqueles servidores que utilizam o transporte público para irem trabalhar. Não se vislumbra de que forma a defesa desse ponto de vista possa ser vantajoso para a Administração. Afinal, considerando o entendimento pacificado no Poder Judiciário de que todos os servidores têm direito ao auxílio-transporte, independentemente do uso de transporte público ou não, o atual posicionamento da Administração Pública apenas gera insatisfação entre seus servidores, incumbência para a Advocacia Geral da União, que precisa defendê-la em juízo, além de dano ao erário, visto as atualizações monetárias e honorários sucumbenciais que corriqueiramente se vê impelida a arcar ao final das demandas judiciais.

Por certo que não se defende a ideia de que as seções locais de gestão de pessoas dos diversos órgãos e entidades que compõem a Administração Pública Federal passem a deferir os requerimentos de auxílio-transporte pela utilização de veículo próprio com base no entendimento do Poder Judiciário. Afinal de contas, a atuação dentro da Administração Pública também está submetida a princípios específicos – a exemplo dos princípios da legalidade, da impessoalidade, da presunção de legitimidade, da hierarquia, dentre outros – que regem a sua atuação e visam a consecução do fim comum da melhor e mais correta forma possível. Porém, em tempos em que tanto se fala em desburocratização, uma revisão do posicionamento da Administração seria bem-vinda.

CAPÍTULO 4.

A LEGALIDADE DA LAVRATURA DO TERMO CIRCUNSTANCIADO DE INFRAÇÃO PENAL PELA POLÍCIA MILITAR.

RICARDO DE PAULA TIMOTEO.

1. Considerações Iniciais.

Uma acirrada discussão iniciou-se com o advento da Lei 9.099/1995, que dispôs acerca dos procedimentos especiais civis e criminais, visando a celeridade processual no que tange as infrações penais de menor potencial ofensivo, e com isso, surgiu o Termo Circunstanciado de Infração Penal, que a seu turno, gerou algumas incontroversas no que tange ao termo "Autoridade Policial", bem como quem seria competente para proceder com sua elaboração, sendo tema inclusive de Ação Direta de Inconstitucionalidade por parte da classe de Delegados do Estado do Paraná. O presente trabalho busca abordar e compreender o TCIP no cenário brasileiro e as hipóteses legais para sua confecção por parte da Polícia Militar. Destarte, no tocante a natureza da pesquisa, a mesma é imbuída de caráter bibliográfico, haja vista que foram utilizados como arrimo para tanto, diversos doutrinadores, juristas, legislações infraconstitucionais e demais documentações correlatas ao assunto em pauta presente no presente trabalho.

2. Introdução.

Prefacialmente, antes de adentrarmos propriamente dito no tema de estudo proposto no presente capítulo desta proeminente obra literária, gostaria de deixar registrado meus protestos da mais elevada estima e consideração ao ilustre servidor público, professor e doutrinador Ricardo Hokumura Reis, Coordenador e idealizador deste eminente projeto, companheiro de turma nos bancos acadêmicos da faculdade de direito, com quem muito aprendi e evoluí no campo das ciências jurídicas e sua aplicabilidade além da teoria. Noutra toada, agradeço o convite para fazer parte deste grande time de excelentes profissionais atuantes na administração pública em suas diversas facetas, os quais contribuem, cada qual em suas áreas do saber, para o desenvolvimento do sacerdócio público do mais alto gabarito e qualidade, primando e pautando sempre fulcrado na excelência da prestação dos serviços ao usuário/cidadão, destinatário final dos serviços oferecidos pelo Estado.

Isto posto, passamos agora a contemplar o tema proposto na presente obra. Com esteio no artigo 61 da Lei nº 9.099/1995, podemos definir infração de menor potencial ofensivo aquelas em que a lei comine pena máxima não superior a dois anos, podendo ser cumulada ou não com multa, ainda tais infrações podendo ser crime ou contravenção penal. Indo além, inferimos que para o Direito Penal a Infração Penal é gênero da qual extraímos duas espécies: o crime/delito e as contravenções penais. Sendo que as primeiras gravadas de maior ônus e a segunda, por sua vez, com menor ônus.

Neste diapasão, com supedâneo na aludida legislação, extraímos de seu artigo 69, o qual nos leciona que a competência para a lavratura do Termo Circunstanciado recaí sobre a Autoridade Policial, qual seja, Delegado de Polícia, logo, atribuição das Polícias Judiciárias, nas esferas de competência da Polícia Federal e da Polícia Civil.

Noutra toada, em que pese estar consubstanciado no bojo do retro citado artigo "Autoridade Policial", tal interpretação pode ser feita à luz do artigo 144 da Lex Mater na modalidade lato sensu, podendo ser confeccionado o Termo Circunstanciado pelo demais órgão que tem a incumbência pela segurança pública. É neste contexto a pesquisa se insere, a qual tem por objetivo apontar qual é a legislação, doutrina e/ou jurisprudência brasileira referente a legalidade da lavratura do Termo Circunstanciado de Infração Penal pela Polícia Militar.

Para a elaboração do presente trabalho, foi realizada uma pesquisa bibliográfica com o objetivo principal de expor as hipóteses legais do cabimento da lavratura do Termo Circunstanciado de Infração Penal pela Polícia Militar, tem em vista que existe resistência por parte de integrantes das Polícias Judiciárias acerca da competência e atribuições legais para elaboração do retro transcrito procedimento pré-processual.

Nessa senda, como primeiro tópico será feita uma breve explanação acerca dos tipos de polícias existentes no Brasil, qual a atribuição legal de cada uma delas, bem como cumprir a missão de transmitir ao leitor o conceito de Infração Penal e Autoridade Policial. Em seguida será realizada uma sintética análise acerca da Lei 9.099/1995 que dispõe sobre os Juizados Especiais Cíveis e Criminais e a questão do Termo Circunstanciado, seu conceito e hipóteses de aplicação. No terceiro tópico será analisada a compreensão do Termo Circunstanciado no cenário brasileiro e as hipóteses legais para sua lavratura por parte da Polícia Militar. Outrossim, acerca dos aspectos metodológicos, os tópicos foram investigados através de pesquisa bibliográfica, documental, tendo sido utilizado também para tanto a análise das decisões dos tribunais superiores, bem como decretos estaduais.

3. Os tipos de Polícias existentes no Brasil.

O exercício da atividade de segurança pública no Brasil não comporta um ciclo único e completo de polícia, onde o mesmo órgão é o responsável por atuar na prevenção, repreensão e na investigação da prática de alguma infração penal, que será usada como supedâneo pelo Ministério Público para a ulterior propositura da ação penal. Nessa toada e contexto fático, subsiste então no Brasil o sistema bipartido da atividade policial, existindo então a divisão das tarefas, onde as atribuições e as competências legais da atividade e do exercício do policiamento ostensivo e preventivo ficaram ao encargo da Polícia Administrativa e a apuração das infrações penais restou inerente a função da exercida pela Polícia Judiciária.

Imperioso salutar que tivemos recentemente a transformação dos cargos de agente penitenciário em atividade policial, designando-os como policiais penais por força da novel Emenda Constitucional nº 104/2019, os quais, por força e esteio constitucional, passaram a exercer a atividade de polícia administrativa.

Acerca do tema atinente aos tipos de polícias existes no Brasil, podemos buscar guarida no texto Constitucional, mais especificamente ao que tange em seu artigo 144, que assim dispõe:

> "A segurança pública, dever do Estado, direito e responsabilidade de todos, é exercida para a preservação da ordem pública e da incolumidade das pessoas e do patrimônio, através dos seguintes órgãos:
> I - polícia federal;
> II - polícia rodoviária federal;

III - polícia ferroviária federal;
IV - polícias civis;
V - polícias militares e corpos de bombeiros militares;
VI – polícias penais federal, estadual e distrital".

Definido os órgãos de segurança pública, passamos a extrair do mesmo artigo e diploma legal a missão constitucional imbuída em cada um deles, senão vejamos:

"[...]
§ 1º A polícia federal, instituída por lei como órgão permanente, organizado e mantido pela União e estruturado em carreira, destina-se a:
I - apurar infrações penais contra a ordem política e social ou em detrimento de bens, serviços e interesses da União ou de suas entidades autárquicas e empresas públicas, assim como outras infrações cuja prática tenha repercussão interestadual ou internacional e exija repressão uniforme, segundo se dispuser em lei;
II - prevenir e reprimir o tráfico ilícito de entorpecentes e drogas afins, o contrabando e o descaminho, sem prejuízo da ação fazendária e de outros órgãos públicos nas respectivas áreas de competência;
III - exercer as funções de polícia marítima, aérea e de fronteiras;
IV - exercer, com exclusividade, as funções de polícia judiciária da União.
§ 2º A polícia rodoviária federal, órgão permanente, organizado e mantido pela União e estruturado em carreira, destina-se, na forma da lei, ao patrulhamento ostensivo das rodovias federais.
§ 3º A polícia ferroviária federal, órgão permanente, organizado e mantido pela União e estruturado em carreira, destina-se, na forma da

lei, ao patrulhamento ostensivo das ferrovias federais.

§ 4º Às polícias civis, dirigidas por delegados de polícia de carreira, incumbem, ressalvada a competência da União, as funções de polícia judiciária e a apuração de infrações penais, exceto as militares.

§ 5º Às polícias militares cabem a polícia ostensiva e a preservação da ordem pública; aos corpos de bombeiros militares, além das atribuições definidas em lei, incumbe a execução de atividades de defesa civil

§ 5º-A. Às polícias penais, vinculadas ao órgão administrador do sistema penal da unidade federativa a que pertencem, cabe a segurança dos estabelecimentos penais.".

Destarte, passamos agora a diferenciar a atividade de Polícia Administrativa da atividade desenvolvida pela Polícia Judiciária à luz da CRFB/88. Conforme se extrai do supracitado Códex Constitucional, a função de Polícia Judiciária está insculpida no bojo das Polícias Federal e Civil, as quais são competentes e estão incumbidas das atribuições legais para apurar as infrações penais, bem como para proceder com o exercício da Polícia Judiciária. De outro lado estão as Polícias Rodoviária Federal, Militar e mais recentemente as Polícias Penais, sendo que para tais órgãos da segurança pública foi atribuído constitucionalmente o policiamento ostensivo e preventivo atinentes à guarda prisional.

Outrossim, na seara federal, temos a Polícia Rodoviária Federal, que realiza a fiscalização das rodovias federais, além de atuar ostensivamente para coibir a prática de ilícitos penais em sua esfera de atribuições, passando a cobrir toda a malha de atuação que lhe é imposta por força do texto constitucional. Soma-se a isso, em nível federal de atuação, a novel competência e atribuição legal delegada para a Polícia Penal, antes conhecida como agentes penitenciários, a quem coube realizar a segurança nos estabelecimentos penais federais. De toda a sorte, deixaremos de tecer comentários acerca da Polícia Ferroviária Federal, pois a mesma está em processo de extinção, ante ao fato de sua inaplicabilidade na prática, bem como ter sido tolhida por força constitucional. Na seara estadual, restou à Polícia Militar além do policiamento ostensivo, os encargos atinentes à preservação da ordem pública, e por sua vez, às Polícias Penais a nível estadual, como igualmente ocorre em nível federal, restou a missão constitucional da segurança nos estabelecimentos penais estaduais.

Assim, como já bem definido na Carta Magna, a função Judiciária está atrelada às Policias Federal e Civil, logo, por eliminação, infere-se que a função de Polícia Administrativa está entabulada no seio das Polícias Ferroviárias, Rodoviárias e Penais na seara Federal e na seara Estadual ficou a cargo das Polícias Militares de todas as Unidades da Federação e das Policias Penais Estaduais.

Pois bem, através de convênios firmados com outros entes da Federação, a Polícia Militar é competente para lavrar autos de infração de trânsito urbano e rodoviário, além de fiscalizar as rodovias estaduais, e exercer a fiscalização da flora e fauna. A função administrativa não se restringe em serviços burocráticos realizados intramuros, a atividade perpassa as instalações físicas de uma unidade militar e vai ao encontro do cidadão, buscando a integração com a sociedade, auxílio na solução pacifica dos conflitos, tendo por escopo coibir a prática de infrações penais e em última ratio, a restauração e restabelecimento da ordem pública nos casos de quebra e violação da mesma.

Destarte, nos tópicos subsequentes do presente capítulo, teceremos comentários atinentes às Polícias Federal, Civil e Militar.

3.1 Polícia Federal.

Como já exposto preliminarmente, a Polícia Federal tem atribuição legal para apurar as infrações penais que tenham por cunho o atentado contra a ordem democrática política e social, bem como bens aos serviços e interesses da União. Atua exercendo a função de Polícia Judiciária de forma exclusiva, ou seja, exerce as funções de fiscalização, investigação e a condução do Inquérito Policial que tem por objetivo carrear elementos de convicção de autoria e materialidade da prática de um fato delituoso.

Nesta esteira, a atividade denominada Judiciária, é exercida pelas autoridades policiais, que por sua vez recai aos Delegados de Polícia, e visa apurar as infrações penais, os elementos de sua materialidade e sua autoria, consoante podemos extrair do Códex Processual Penal, capitulada no bojo do artigo 4º do referido Decreto-Lei nº 3.689.

Para tanto, o legislador pátrio instrumentalizou o meio pelo qual se desenvolve o exercício da supracitada atividade, e elencou para tal finalidade o procedimento administrativo denominado inquérito policial, entabulado no artigo 4º e seguintes do Código de Processo Penal, o qual não se confunde com processo, por falta de previsão legal, sendo então o inquérito policial a persecução administrativa pela qual são realizados as investigações preliminares pela aludida instituição, onde, no curso do inquérito policial, busca-se obter através das diligências desencadeadas pelos agentes federais, os elementos, objetos, coisas, armas, entre outros mais fatores, vetores e fatos, que tenham relação com a violação da lei que fora praticada, bem como busca colher todos os elementos de prova e nexo de causalidade que possam vir a servirem para esclarecer e elucidar os fatos envoltos à infração penal que ali fora perpetrada, para então, após devidamente instruído o feito, remeter os autos do inquérito policial conclusos ao Ministério Público, no intento de auxiliar uma eventual propositura de ação penal.

3.2 Polícia Civil.

Igualmente ao que incumbe à Polícia Federal, recai também às Polícias Civis de todo Brasil, nos 27 Estados que compõe nossa unidade Federativa, as competências para o exercício de Polícia Judiciária, por força do artigo 144, § 4º, da Constituição Cidadã. Sendo tais instituições dirigidas pelos Delegados de Polícia Civil de carreira, porém, não lhe sendo devidos os encargos relativos às infrações penais que sejam relativas a União.

Ademais, o exercício da Polícia Judiciária pelos órgãos de segurança pública da Polícia Civil, também se manifesta através da lavratura dos Autos de Prisão em Flagrante Delito, e especialmente, com a confecção dos inquéritos policiais que têm por fito apurar a materialidade e autoria dos crimes no âmbito de seus Estados, podendo para tanto apurar a prática de infração penal de atinentes a crimes federais desde que tal infração não seja de competência da Polícia Federal (União).

Quanto à forma que é desenvolvido o inquérito, segue os mesmos ritos preconizados no artigo 4º e seguintes do Código Processual Penal, sendo que o objetivo final, igualmente ao que acontece com os procedimentos desenvolvidos pela Polícia Federal, é dar suporte para que o titular da ação penal, Ministério Público, possa prover uma eventual denúncia com os elementos informativos constantes na referida persecução.

É imperioso salutar que, para ambas as esferas, tanto estadual quanto federal, o inquérito policial não poderá ser arquivado de ofício, por força do artigo 17 do CPP, bem como é um procedimento sigiloso, de caráter informativo e que pode ser dispensado pelo Ministério Público na hora de proceder com a propositura da ação penal. É ainda um procedimento de suma importância pois é o primeiro contato procedimental com a denúncia, fato, crime, vestígio, exames, laudos médicos e periciais, e que, quando realizado nos estritos ditames da lei e legalidade, sendo enriquecido pelos detalhes técnicos obtido com as diligências, auxiliam muito o sistema judiciária por ser rico em elementos de prova que dão auxílio ao ulterior cumprimento da lei com a devida, correta e justa sanção aplicado ao infrator.

3.3 Polícia Militar.

O cerne da missão constitucional da supramencionada instituição militar dos estados, é extraído da Lex Mater, consubstanciada em seu artigo 144, § 5º, quando delegou às Polícias Militares o policiamento ostensivo, logo preventivo, bem como a preservação da ordem pública. Diante disto, o legislador atribuiu função diversa para a supracitada instituição, não lhe incumbindo a Polícia Judiciária, mas sim a Polícia Administrativa.

De outra banda, trazendo o tema mais próximo da nossa realidade e cotidiano, podemos extrair da Constituição do Estado do Paraná, em seu artigo 46, Capítulo IV, Da Segurança Pública, que a segurança pública é exercida para a preservação da ordem pública e incolumidade das pessoas e dentre o rol de instituições a quem o legislador infraconstitucional atribuiu tais missões, figura a Polícia Militar daquele estado.

Corroborando com a afirmação acima, ainda segundo a referida Constituição Estadual, agora eu seu dispositivo legal entabulado ao artigo 48, que, em suma, dispõe que à Polícia Militar do Paraná cabe a atividade de policiamento ostensivo, preservação da ordem pública, policiamento de trânsito urbano e rodoviário, de florestas e mananciais, além de demais funções que possam ser atribuídas por força da lei à referida instituição.

Isto posto, podemos de plano constatar que as atividades de exercidas pela Polícia Militar, se divergem daquelas exercidas pelas Polícias Federal e Civil, pois para estas cabe a função de investigação, de apuração das infrações penais, sua materialidade e autoria e dar aporte ao MP, enquanto à aquela cabe a atividade de Polícia Administrativa, qual seja, de ser vista através do policiamento realizado de forma ostensiva com o uso do fardamento, facilmente identificado e reconhecido pelos populares, e com isso, acaba de certa forma prevenir e inibir a prática de ilícitos penais por parte de infratores da lei, que ao observarem a presença de Militares Estaduais em determinada região da cidade, estrada, matas, ou logradouros, acabam por desistir do intento delituoso.

Embora não seja a função típica e precípua da Polícia Militar, a mesma detém a competência legal para exercer a polícia judiciária militar, no âmbito das apurações das infrações penais cometidas pelos Militares Estaduais. O próprio legislador constituindo excetuou na Carta Magna, a competência para a Polícia Civil apurar a prática de crimes militares, deixando tal ofício a cargo das instituições militares.

Destarte, imperioso se faz registrar que quando da apuração da prática de crimes militares, não cabe ao Delegado de Polícia presidir o inquérito policial militar, pois se assim agisse, estaria atuando ao arrepio da Lex Mater e demais leis infraconstitucionais. Nessa senda, a autoridade policial que preside o inquérito policial militar é o Comandante da Unidade onde ocorreu a prática de um ilícito penal de natureza comum ou militar, quando perpetrado por Militar Estadual, bem como é esta autoridade que tem o dever legal de instaura-lo.

Outro ponto que merece destaque no que tange a Polícia Judiciária Militar repousa no fato de que após o advento da Lei nº 13.491/17, a competência e atribuição legal, tanto por parte da justiça militar quanto por parte das instituições militares para a lavratura do inquérito policial militar, se expandiu, pois o entendimento e previsão legal que existia anteriormente se dava no sentido de que eram apenas considerados crimes militares os oriundos e entabulados no Código Penal Militar, ao passo que após a supracitada legislação, passou-se a considerar crime militar, em tempo de paz, os crimes previstos tanto no bojo do Códex Penal Militar, como os previstos na legislação penal comum, consoante insculpido no seio do artigo 9º, inciso II, do Código Penal Militar, desde que cometidos por militares nos moldes do artigo retro citado.

3.4 A dualidade versus o Ciclo Completo de Polícia.

Sob outro viés, no que tange ao fato da dualidade entre as polícias ostensiva/administrativa e a investigativa/judiciária, tal sistema adotado pelo Brasil é alvo de críticas acerca de sua real efetividade e eficácia das ações policiais de segurança pública que são divididas entre as duas instituições, onde uma atua num primeiro momento inicial de forma ostensiva, preventiva e em certos momentos repressivamente para coibir as infrações penais, enquanto a segunda desenvolve a apuração por intermédio de uma investigação presidida pelo Delegado de Polícia Civil para melhor elucidar os fatos, colher elementos de autoria e materialidade e deixar a persecução administrativa mais robusta, para então, repassá-las ao titular da ação penal.

Nas palavras do ilustre doutrinador Luís Flávio Sapori, o mesmo leciona no sentido da existência entre conflitos crônicos nas esferas de atribuições e competências entre as duas instituições (polícia administrativa e polícia judiciária), bem como na distribuição de recursos orçamentários e de recursos humanos. Acerca do exposto pelo eminente doutrinador, não se pode negar que um ciclo completo de polícia poderia representar um atendimento mais eficaz por parte da instituição aos cidadãos brasileiros, na medida em que as duas instituições, que hoje além de atender a população cada qual conforme suas competências constitucionais, ainda lutam por suas classes e seus direitos em apartado, sendo que poderiam receber os incentivos governamentais concentrados em uma única polícia. Hoje para contratação de mais pessoal, ocorrem concursos e investimentos distintos para as duas corporações, bem como para licitação de compra de materiais, armamento, viatura, vestimentas quando for o caso e demais matérias de escritório e expediente para elaboração da documentação em atendimento ao povo.

Ainda, o aludido autor, ainda perpassa sua narrativa aduzindo em que os Estados Democráticos de Direito, o modelo policial que prevalece é o de ciclo completo. E para Luís Flávio Sapori, o ciclo completo de polícia tem a seguinte definição: "A expressão CICLO COMPLETO DE POLÍCIA deve ser compreendida como a atribuição das atividades de patrulhamento ostensivo e de investigação criminal a uma mesma organização policial" e não obstante, defende ainda que:

> "Na prática, a expressão implica que a organização policial, seja federal, estadual ou municipal, tem em sua estrutura dois departamentos distintos, com suas respectivas chefias, porém ambos estão subordinados hierarquicamente à mesma autoridade a mesma polícia tem um segmento fardado que realiza o patrulhamento ostensivo nas ruas e outro segmento constituído de investigadores incumbidos de coletar das evidências de materialidade e autoria dos crimes eventualmente registrados".

Ou seja, divergindo do atual modelo de polícia dualista existente no Brasil, o referendado autor defende de foram bem fundamentada que tal modelo, ciclo completo, concentraria o poder para exercer as atividades inerentes à polícia administrativa e judiciária em apenas um órgão, porém com a divisão bem estruturada das tarefas de policiamento ostensivo, preventivo, repressivo quando for o caso para o reestabelecimento da ordem pública e investigativo estariam centrados num mesmo órgão policial. O que traria mais transparência e efetividade nas ações dos dois órgãos os quais passariam a falar uma só língua.

Outrossim, acerca das críticas tecidas ao modelo bipartido de polícia existente no Brasil, trazemos à tona os ensinamentos do ínclito autor Adelson Cabral para quem "as estatísticas e a percepção de insegurança dão conta de que esse modelo bipartido não funciona a contento", aduzindo ainda num exemplo teórico, porém que ocorre na prática, que:

"Um cidadão ao ver que há na sua rua uma movimentação suspeita de pessoas que demonstram estar se preparando para cometer um crime, liga para o serviço 190. Quando a viatura policial ostensiva chega ao local, os suspeitos não estão mais lá, tendo o cidadão informado que, ao verem a aproximação da viatura da PM, os suspeitos se evadiram. Assim, o cidadão pede para que a PM fique no local porque os suspeitos devem voltar. Os Policiais Militares informam que não podem permanecer no local, para fazer a investigação porque atendem todo o bairro e por isso voltam para o Posto Policial. O cidadão então procura a Polícia Civil, que é quem compete investigar os crimes, e a comenta sobre a presença de suspeitos na sua rua. Na delegacia da polícia civil é informado que o caso é de atribuição da Polícia Militar, que faz a prevenção, pois a polícia civil compete atuar na investigação dos crimes que já ocorreram. IMPASSE – a polícia preventiva (Polícia Militar) não tem como investigar, pois sua atuação é ostensiva, ou seja, usam farda e veículo que os identificam como policiais, não sendo viável realizar uma investigação de forma discreta e efetiva. Além do mais, é operacionalmente impossível colocar uma viatura por bairro ou por rua. Já a polícia investigativa (Polícia Civil), atua no atendimento, registro e investigação de crimes que já ocorreram. CENÁRIO: O cidadão fica desassistido de uma atuação policial efetiva que evite que o crime venha a acontecer".

Como exposto pelo ilustre autor, razão lhe assiste em seus argumentos, quando nos demonstra através do exemplo acima narrado que quem acaba ficando à mercê da criminalidade e de um atendimento sem aquela eficácia almejada pela sociedade e o cidadão nela inserido, que se vê dê mãos atadas acionando dois órgãos distintos para prevenir, reprimir, ou investigar a prática de uma infração penal em momentos distintos da persecução administrativa, não dando dessa forma, uma resposta adequada frente ao ilícito penal que ali fora perpetrado. Em que pese seja o modelo previsto em nossa Constituição Cidadã, salutar se faz pensar numa nova polícia que atua frente as novas formas de praticar e violar a legislação penal, bem como demais leis e garantias constitucionalmente tuteladas.

Não obstante aos ensinamentos repassados pelo ilustre autor, acerca de sua defesa ao ciclo completo de polícia, repousa guarida ainda a tese abaixo delineada:

> "A doutrina explica que na realização do crime há um itinerário, chamado "iter criminis", ou "caminho do crime", que é composto de uma fase interna do indivíduo denominada cogitação, e de uma fase externa que compreende os atos preparatórios, os atos de execução e a consumação. Vê-se que no atual modelo bipartido de investigação de crimes não se consegue combater os atos preparatórios, evitando que venham a se tornar atos de execução e consumação do crime. Eis a falha do modelo atual, em que cada órgão policial (Polícia Militar e Polícia Civil) atua numa fase do crime, ou seja, um atua na prevenção do crime e outro na investigação do crime e não conseguem acompanhar e combater com integralidade todo o evento criminoso".

Pelos fatos e fundamentos arguidos pelos supracitados autores, é que os mesmos defendem a importância ao modelo denominado ciclo completo de polícia, pois ao ser desencadeadas as atividades de prevenção e investigação, centradas numa só instituição, dá-se uma reposta ao crime de forma mais rápida, pois o policial de rua poderia atuar de maneira ostensiva, preventiva e exercer as atividades investigativas preliminarmente ao chegar no local da ocorrência, dando a rápida resposta Estatal, quando o agente se deparar com a violação do fato à norma, vindo a auxiliar na persecução administrativa com vistas a ulterior persecução penal de modo mais eficiente e célere para a justiça.

Por fim, nas palavras do professor Aldo Antônio dos Santos Júnior, corroborando com os argumentos retro expostos acerca do ciclo completo, suas nuances e a ineficácia do atual sistema dualista de polícia, o mesmo aduz que:

> "O advento da discussão sobre o ciclo completo de polícia está intrinsecamente ligado à complexidade da sociedade contemporânea, pois o atual modelo de atuação policial, fragmentado no seu modo operativo, não mais atende às demandas sociais de promoção do sentimento ou percepção de segurança".

Neste diapasão, entre tudo o que foi exposto no presente tópico, vemos que, conforme a sociedade está evoluindo e juntamente com ela a criminalidade inovando e avançando cada vez mais, denota-se que o atual modelo de gestão e atuação da polícia bipartida ou dualista em exercício no nosso ordenamento jurídico, está aquém das expectativas dos doutrinadores pelos fundamentos ora supra apontados. Nessa senda, na visão dos aludidos mestres, enquanto as Polícias forem divididas nos moldes e na forma prevista no texto constitucional, dividindo as atribuições das polícias administrativas e judiciária, não poderá se fazer frente ao crime de maneira adequada, deixando de cumprir com suas obrigações legais de forma eficaz no atendimento aos anseios da sociedade, sendo que o povo titular do poder e destinatário final dos serviços de polícia prestado pelo Estado deve contar com uma polícia que possa chegar no atendimento à ocorrência, e quando for o caso, diante da quebra da ordem pública ali existente, atuar utilizando dos meios previstos para a polícia administrativa e judiciárias, desde a prevenção, até a investigação.

4. A Lei nº 9.099/1995 e o Termo Circunstanciado.

Antes de adentramos na Lei que disciplina os Juizados Especiais Civis e Criminais, cumpre tecer comentários relativos a Infração Penal e Infração Penal de Menor Potencial Ofensivo.

Neste diapasão podemos definir infração penal como sendo o gênero que se subdivide em duas espécies, quais sejam, o crime ou delito e a contravenção penal, esta última também conhecida vulgarmente como crime anão. Uma diferença crucial entre ambas, consiste no fato de que ao crime a pena cominada pode ser a multa, a detenção e a reclusão, enquanto que para a contravenção penal a pena a ser cominada repousa na prisão simples e na multa. Isto posto, podemos inferir que a infração penal é a toda a conduta humana perpetrada com a finalidade de ir de encontro às leis e aos bens jurídicos tutelados pelo legislador pátrio, podendo esta conduta ser dolosa ou culposa.

De outro giro, dolo é a vontade de praticar a conduta positivada no ordenamento jurídico pátrio, enquanto a culpa, consoante brilhantemente ensinado em sala de aula pelo Ilustre Doutrinador Alan Ricardo Porto Guimarães lecionado nos bancos escolares, consiste na inobservância de um dever objetivo de cuidado verificado na pratica de uma conduta causadora de um resultado lesivo não querido, embora objetivamente previsível, podendo ser desencadeada através da negligência, agir com desleixo ou sem observância as ações necessárias ao fato, imprudência, agir de forma comissiva ou imperícia, não ter a devida prática, habilidade na ação.

Outrossim, no que tange a infração penal de menor potencial ofensivo, podemos extrair sua definição legal através da própria lei 9.099/1995, a qual preconiza que são compreendidas como tal os crimes e as contravenções penais a que lei define como pena máxima não excedente a dois anos, cumulada ou não com multa, consoante podemos verificar no bojo do artigo 61 da lei em epígrafe.

Nessa senda, consoante podemos extrair do artigo 2º, da lei 9.099/1995, que disciplina os Juizados Especiais Civis e Criminais, o processo dele oriundo é pautado pela oralidade, simplicidade, informalidade, economia processual e celeridade, em qual se busca sempre, quando as condições assim permitirem e for possível, a conciliação ou transação. Ainda sobre os modos que são orientados o processo nos Juizados, podemos aduzir que no quesito oralidade, os atos processuais são praticados de forma oral e ulteriormente reduzidos a termo, com o fito de prestar uma tutela jurisdicional mais célere ao cidadão por parte do estado. No que tange a simplicidade, coadunando na oralidade, visa expor aos litigantes a um processo de forma mais fácil e inteligível, torando assim o processo mais compreensivo e efetivo pelas partes. A informalidade preconiza que os atos do processo devem ser feitos sem o formalismo exigido ao rito comum. Quanto a economia processual, vemos que o dispositivo nos alude a um processo no qual sejam desenvolvidos atos dele oriundos, no menor lapso temporal possível para que a tutela jurisdicional seja prestada de forma adequada sem que o processo se estenda por um período demasiadamente grande. Por último, temos a celeridade, que nada mais é que a junção de todos os anteriores na prestação jurisdicional aos litigantes.

Isto posto, podemos inferir que tais Juizados, foram criados para atuarem primariamente como um modelo padrão de justiça que visa e busca o consenso entre as partes envolvidas no litígio para a composição amigável ao fato ou circunstância trazida em juízo.

Noutra toada, acerca do termo circunstanciado, encontramos guarida sobre o assunto na inteligência do artigo 69 da Lei 9.099/1995, quando preconiza que "a autoridade policial que tomar conhecimento da ocorrência lavrará termo circunstanciado e o encaminhará imediatamente ao juizado, com o autor do fato e a vítima, providenciando-se as requisições dos exames periciais necessários".

Assim sendo, nas palavras do ilustre doutrinador Gabriel Habib, em seu livro intitulado Leis Penais Especiais, página 551 e 552, leciona que Termo Circunstanciado é:

> "O termo circunstanciado é uma peça escrita na qual a autoridade policial formaliza a ocorrência policial decorrente da prática de uma infração penal de menor potencial ofensivo que chegar ao seu conhecimento. No termo circunstanciado deverão constar as informações acerca do fato delituoso, como local, hora, nome da vítima, nome do condutor, testemunhas e as declarações de todas essas pessoas. O termo circunstanciado deve conter todas as informações necessárias para seguir no procedimento do JECRIM, para fins de composição dos danos civis, transação penal, pedido de arquivamento pelo Ministério Público, recebimento ou rejeição da denúncia, etc".

Acerca da definição dada pelo doutrinador supracitado, podemos tecer comentários no tocante ao fato de que o referido instrumento administrativo, em muito se assemelha com a confecção de um Boletim de Ocorrência, senão vejamos, ao receber a notícia da prática de uma infração penal, é feito o acionamento dos órgãos competentes e responsáveis pela segurança pública ou mesmo a atuação de ofício por parte de tais agentes, os quais, por sua vez, após estarem cientes dos fatos, bem como do modo pelo qual se deu a infração penal ali perpetrada realizam buscas no sentido de localizar o autor, vítima, testemunha, objetos e materialidade do ilícito penal perpetrado e uma vez localizados, são encaminhados diante da presença da autoridade policial, após lavrarem boletim de ocorrência em qual relatam todos os fatos que ocorreram acerca da ocorrência, bem como arrolam testemunhas, inserem as vítimas e possíveis autores, fazendo também a apreensão e exibição dos objetos em poder do cidadão infrator da lei para que a autoridade policial delibere acerca da prisão em flagrante ou do ulterior inquérito policial e demais consectários de estilo.

Superado tal definição acercado Termo Circunstanciado, parte da doutrina defende que o TCO não seria apenas uma peça de cunho informativo, e sim uma persecução administrativa de caráter investigatório nos mesmos moldes de um Inquérito Policial, no que tange à colheita de provas, autoria, materialidade e elementos que deem supedâneo ao Ministério Público para sua convicção e formação do opinio delicti, com a subsequente propositura da ação penal. Sobre o tema, trazemos os eminentes ensinamentos da doutrinadora Gabriela Garcia Damasceno, para quem o TCO:

> "O termo circunstanciado de ocorrência pode ser definido como peça de investigação confeccionada pela autoridade policial quando diante de um crime de menor potencial ofensivo, definido em lei como aqueles com pena máxima de até dois anos de reclusão, ou uma contravenção penal (art. 69 c/c art. 61, ambos da Lei nº 9.099/95). Todavia, em que pese ser uma peça que não exige qualquer formalidade, o TCO possui a mesma finalidade do inquérito policial, qual seja, a colheita de provas acerca das circunstâncias do fato criminoso e da sua autoria, possibilitando ao titular da ação penal a formação de sua opinio delicti".

Para a emérita doutrinadora acima citada, não obstante ser o Termo Circunstanciado uma peça mais simples em sua essência de ser, não deixa de ter o cunho investigatório de um Inquérito Policial ordinário, divergindo deste último no tocante ao quesito do TCO ser o instrumento pelo qual se apura os crimes de menor potencial ofensivo e as contravenções penais, ao passo que o IP seria utilizado para os crimes que envolvessem maiores desdobramentos, quantum da pena e maior complexidade.

Colacionando com a tese apresentada anteriormente, leciona o doutrinador Gabriel Morais Lanna no seguinte sentido:

> "O Termo Circunstanciado de Ocorrência – TCO, trata-se de procedimento administrativo de natureza inquisitiva, tendo como finalidade apuração das circunstâncias, da materialidade e da autoria das infrações penais de menor potencial ofensivo, possuindo assim os mesmos objetivos do Inquérito Policial ou outros procedimentos investigativos conduzidos por autoridade que não o delegado de polícia."

Nessa senda, prossegue ainda o ilustre doutrinador aduzindo que:

> "Entendemos possuir o TC dupla finalidade: uma finalidade mediata: o fornecimento de elementos para formação da opinio delicti do Ministério Público ou para subsidiar queixa-crime do querelante, e uma finalidade imediata: a apuração da materialidade e da autoria das infrações penais em seu escopo.
> [...]
> Dessa feita, podemos compreender que o Termo Circunstanciado de Ocorrência é um procedimento investigativo previsto em Lei, pois tem a mesma finalidade do inquérito policial - formação da opinio delicti e esclarecimento das circunstâncias, autoria e materialidade da infração penal."

Neste diapasão, ambos os autores citados sustentam em suas teses que o TCO teria sua gênese fulcrada no próprio Inquérito Policial, eis que em suas visões, seria um procedimento sob o viés investigatório, sendo uma peça de similitude aquela conduzida pelo Delegado de Polícia quando da ciência de uma infração penal, sob o sustentáculo que o TCIP não consiste apenas em um simples registro de fatos ou boletim de ocorrência mais elaborado, sendo tal atividade abarcada de cunho jurídico e investigativo.

Com a devida vênia, os argumentos supracitados não merecem prosperar, eis que robustos em seus argumentos e fundamentos teóricos, mas inócuo em sua aplicabilidade na prática. Em que pese exista doutrina divergente, trazemos à baila os ensinamentos do emérito doutrinador Nixonn Freitas Pinheiro:

> "A Associação Nacional dos Membros do Ministério Público – CONAMP – tem encampado a tese de que o TCO é um instrumento desburocratizador, moderno e que traz celeridade e efetividade para a persecução penal. O Fundamento principal é de que a elaboração do instrumento jurídico-legal não é trabalho investigativo, mas sim, simples registro de fatos, como se faz a entender a lei dentro da hermenêutica jurídica".

Outrossim, buscamos esteio no doutrinador Renato Brasileiro de Lima, o qual nos reforça um conceito já abordado acerca do Termo Circunstanciado:

> "O inquérito policial, portanto, se vê substituído pela elaboração de um relatório sumário, contendo a identificação das partes envolvidas, a menção à infração praticada, bem

> como todos os dados básicos e fundamentais que possibilitem a perfeita individualização dos fatos, a indicação das provas, com o rol de testemunhas, quando houver, e, se possível, um croqui, na hipótese de acidente de trânsito. Tal documento é denominado termo circunstanciado".

Como bem explanado pelos doutrinadores trazidos à baila, com clareza meridional podemos tecer a afirmativa que o Termo Circunstanciado, não é uma peça que tenha cunho e natureza estritamente jurídica ou que somente possa ser presidido por integrantes da Polícia Judiciária. Nessa ótica o TC nada mais é que um instrumento de cunho informando onde, através dele são relatados os fatos, as datas, os dados, bem como a prática, em tese, da aludida ação que tenha violado preceito legal tipificado como crime de menor potencial ofensivo ou contravenção penal e dessa forma individualizar as condutas das partes litigantes.

Seguindo essa mesma linha de raciocínio, trazemos o brilhante ensinamento do saudoso doutrinador Damásio Evangelista de Jesus, o qual leciona sob o seguinte azimute:

"No caso da Lei nº 9.099, contudo, não existe função investigatória nem atividade de polícia judiciária. A lei, em momento algum, conferiu exclusividade da lavratura do Termo Circunstanciado às autoridades policiais, em sentido estrito. Trata-se de um breve, embora circunstanciado, registro oficial da ocorrência, sem qualquer necessidade de tipificação legal ao fato, bastando a probabilidade de que constitua alguma infração penal. Não é preciso qualquer tipo de formação técnico-jurídica para se efetuar esse relato. Quanto à requisição de algum exame pericial, poderá ser feito pelo representante do Ministério Público".

Note-se, caro leitor, que coadunando com as ideias concatenadas até o momento, resta cediço o caráter do Termo

Circunstanciado é meramente uma peça informativa, da qual não se exige formação na área jurídica para sua elaboração, bastando para tanto, fazer um registro de todos os dados da ocorrência que ulteriormente será encaminhada para apreciação da autoridade judicial para deliberar acerca dos desdobramentos relativos ao caso reduzido a termo e colocado diante do poder judiciário.

De outro prisma, é importante frisar que acerca da lavratura do termo circunstanciado, não cabe prisão em flagrante, tampouco a exigência de fiança para que o cidadão detido seja posto em liberdade. Tal redação é dada pelo próprio artigo 69, em seu § único, porém condiciona o autor da infração penal que seja imediatamente encaminhado ao JECRIM, ou que assuma o compromisso de comparecer no aludido juizado ulteriormente.

Destarte, caso haja a recusa do autor do fato, em comparecer ulteriormente ou ir ao JECRIM imediatamente após a lavratura do TCIP, neste caso há a necessidade de ser lavrado o auto de prisão em flagrante, pela autoridade policial, que irá decidir acerca do cabimento ou não de fiança e, ato contínuo, encaminhará os autos à autoridade judicial para que esta possa decidir acerca da manutenção da prisão, relaxamento ou pela soltura do preso, podendo tal ato se dar antes mesmo da realização da audiência de custódia, se a medida em epígrafe se mostrar mais benéfica ao réu.

Neste diapasão, quando não for o caso de situação de flagrância, brilhantemente nos ensina o doutrinador Gabriel Habib, 2018, p. 552, que:

> "O parágrafo único dispõe sobre o caso de haver situação de flagrante. E se não houver flagrante, como no caso de a vítima comparecer à Delegacia para afirmar que foi vítima de uma ameaça? Nesse caso, o autor do fato não estará presente, pois, repita-se, não houve situação de flagrante. A solução viável é a autoridade poli-

> cial lavrar o termo circunstanciado e intimar o autor do fato para que ele acompanhe a lavratura do termo circunstanciado em outra data. Caso ele, intimado, não compareça na data marcada, a autoridade policial deverá lavrar o termo circunstanciado e intimá-lo para comparecer ao JECRIM imediatamente".

Como exposto pelo doutrinador citado, a medida cabível em caso de situação que não enseje flagrante, ou que não esteja em flagrante é a de oficiar o autor do ilícito penal que, em atenção as garantias constitucionais que versam sobre o contraditório e ampla defesa entabulados em nossa Lei Maior, seja dado ao autor do fato, no TCIP denominado como noticiado, a oportunidade de ser ouvido, dar sua versão dos fatos e até apresentar provas e testemunhas em sua defesa posterior quando a peça informativa chegar ao conhecimento do juiz.

Importe ressaltar também, que nos termos do § único do artigo 69 da lei 9.099/1995, "Em caso de violência doméstica, o juiz poderá determinar, como medida de cautela, seu afastamento do lar, domicílio ou local de convivência com a vítima". Tal dispositivo visa dar proteção àquelas pessoas em situação de fragilidade nas relações domésticas, onde a violência geralmente se perpetua diante de um perdão tácito da vítima, ou do não afastamento do autor do fato do ambiente doméstico onde possam coabitar ou ter contato com uma certa frequência elevada. Contudo, diante da premente e crescente violência praticada contra a mulher, tal dispositivo não pode ser aplicado, pois por força da lei Maria da Penha, 11.340/2006, e por ter pena que excede aos dois anos, o autor do fato será encaminhado até a delegacia de polícia para ser apresentado à autoridade policial para elaboração do auto de prisão em flagrante e comunicação ao juiz competente para processar e julgar o crime, sendo que nesses casos, a autoridade competente para aplicar o afastamento do lar é o Juizado de Violência Doméstica.

De outra banda, ante todo o arcabouço jurídico carreando ao presente estudo, entendemos ser o Termo Circunstanciado, um instrumento meramente informativo, diverso do Inquérito Policial por ser mais sucinto não lhe sendo imposto todo o rigor e formalidades que norteiam a persecução administrativa denominada inquérito. Note-se que igualmente acontece num boletim de ocorrência, no Termo Circunstanciado há a existência da narrativa das partes envolvidas no imbróglio que resulta na condução de ambos ao cartório ou delegacia para exporem tais fatos, sendo, por isso, mais semelhante e pari passu ao Boletim de Ocorrência, na medida em que é uma peça procedimental utilizada pelos Juizados Especiais Civis e Criminais para dar supedâneo a um processo mais célere, sem as burocracias exaustivas de um procedimento ordinário, e para tanto, utiliza-se das informações constantes no TCIP para aplicar o direito ao caso concreto, quando este que é levado ao conhecimento do Juiz e Ministério Público por intermédio da peça informativa.

5. Hipóteses legais para a lavratura do TCIP pela PM.

Ao observamos a Lei 9.099/95, no tocante ao seu artigo 69, que preconiza: "A autoridade policial que tomar conhecimento da ocorrência lavrará termo circunstanciado e o encaminhará imediatamente ao Juizado, com o autor do fato e a vítima, providenciando-se as requisições dos exames periciais necessários".

O termo "autoridade policial" contido no bojo do artigo retro transcrito gera diversas controvérsias no âmbito jurídico, quer seja por mera vaidade de autoridades, legisladores, aplicadores e operadores do direito, quer seja por razões de semântica e hermenêutica jurídica. Na acepção jurídica do termo em âmbito policial, autoridade policial é referenciada às carreiras jurídicas, logo exercidas por Delegados de Polícia de carreira, consoante se extrai do artigo 2º da Lei nº 12.830/13, que dispõe sobre a investigação criminal conduzida pelo delegado de polícia. Por esta razão os agentes da Polícia Judiciária, aduzem haver usurpação de função por parte das Polícia Administrativas quando estas lavram Termo Circunstanciado. Nas palavras de José Carlos Barbosa Moreira, p. 96:

> "Nessa vereda, a polícia ostensiva não tem legitimidade para se tornar órgão persecutório do Estado, por melhor que sejam as intenções. O direito à segurança pública da sociedade não pode ser uma senha para toda sorte de abusos e arbitrariedades. A fase pré-processual é o momento no qual a aplicação das normas constitucionais se mostra mais sensível, e também por isso a investigação deve se curvar à Constituição, e não vice-versa".

Corroborando com o argumento acima exposto, acerca da acepção entorno do termo autoridade policial e sua não aplicabilidade por parte de servidores que ostentem o "status" de integrantes da carreira jurídica, trazemos à tona os ensinamentos do jurista e delegado de polícia civil do paraná, Henrique Hoffmann, o qual aduz sobre a problemática carreada ao presente trabalho científico que:

> "Nesse sentido, o termo circunstanciado de ocorrência exsurge como mais uma espécie de procedimento investigatório da polícia judiciária. A Lei dos Juizados Especiais, como não poderia deixar de ser, manteve nas mãos do delegado de polícia a função de conduzir a investigação criminal, ao dispor que a "autoridade policial que tomar conhecimento da ocorrência lavrará termo circunstanciado" (artigo 69 da Lei 9.099/95)".

O ilustre doutrinador argumenta no sentido de que, por mais que o procedimento denominado termo circunstanciado seja um instrumento mais simples em sua razão de ser e sua confecção, tal vetor não possui o condão de retirar o caráter investigativo do TCIP, logo atribuição da polícia judiciária. E sob tal argumento encontra assento a tese de defesa do supracitado delegado de polícia civil, para avocar a lavratura do termo circunstanciado de infração penal como sendo somente encargos imbricados à polícia judiciária, especialmente no que cinge as atribuições do delegado de polícia, alegando ser apenas ele, por força do texto constitucional, a autoridade policial com competência para tal ato, por ser a única das carreiras polícias pertencentes à carreira jurídica.

Não obstante aos argumentos retro expostos, o delegado estadual em epígrafe, advoga ainda em favor de sua classe que a Suprema Corte teria plasmado entendimento no sentido de não ser a Polícia Militar, parte competente para atuar na apuração das infrações penais comuns, não podendo lavrar TCIP, tampouco exercer qualquer ato privativo dos integrantes da polícia judiciária, afirma ainda que: "A atribuição de polícia judiciária compete à Polícia Civil, devendo o termo circunstanciado ser por ela lavrado, sob pena de usurpação de função pela Polícia Militar".

Sem esgotar o tema e ainda delineando sobre a premissa da tese contrária ao nosso ponto de arrimo, ante ao não cabimento do TCIP ser feito pela PM, relatamos ao leitor que o objeto do presente estudo foi submetido a Ação Direta de Inconstitucionalidade, sob o nº 1.556.279-5, que tramitou no Foro Central da Comarca da Região Metropolitana de Curitiba, tendo como parte autora a Associação dos Delegados de Polícia do Estado do Paraná, os quais, irresignados com o fato da Polícia Militar ter recebido o aval do poder público para conduzir os feitos e os trabalhos do Termo Circunstanciado de Infração Penal, movimentaram o poder judiciário com a referida ação, sobre os fatos e supedâneos de que a Resolução nº 309/2005, no tocante aos seus artigos 2º e 5º, §§ 1º e 2º, que instituiu o Boletim de Ocorrência Unificado, de autoria da Secretaria do Estado da Segurança Pública do Paraná, teria ferido de morte a Constituição Cidadã de 1988, ao permitir que a Polícia Militar daquele Estado pudesse elaborar a peça de caráter informativo que é o TCIP.

Em apertada síntese acerca dos fólios que compõe o processo supramencionado, a Associação dos Delegados teria afirmado que os dispositivos atacados por meio de Ação Direta de Inconstitucionalidade, teriam colidido com os interesses previstos nos artigos 47 e 48, encampados no bojo da Constituição do Estado do Paraná. O viés da tese, repousava na divergência da missão constitucional e estadual conferida à Polícias Civil e Militar, reescrevendo do texto constitucional estadual que o dever da PM é o policiamento preventivo e ostensivo, e nesse paradigma, à Polícia Civil tem a obrigação legal de exercer a polícia judiciária. Na ADIN, ainda postulavam que o delegado era a única autoridade policial competente para instruir o TC, bem como que os policiais militares não eram detentores do conhecimento técnico jurídico necessário para tal ato, especialmente para fazer o enquadramento do fato típico à norma.

Sobre o tema, trazemos excerto do Recurso Extraordinário nº 979.730 – SC, o qual igualmente como ocorreu no Paraná, atacava ato do poder executivo que regulava a lavratura do TCIP pela Polícia Militar, o qual transcrevemos abaixo:

> "Assim, requer-se "o reconhecimento da inconstitucionalidade do Decreto Estadual do Estado de Santa Catarina, nº 660/2007, onde o Poder Executivo, legislando sobre matéria privativa da União (art. 22 da CF), usurpou competência originária e indelegável, pois ao passo que a Polícia Militar de Santa Catarina lavra Termos Circunstanciados, viola o artigo 144 da Constituição Federal, pois somente a Polícia Judiciária tem atribuição para tanto." Bem como, a anulação do Termo Circunstanciado "desde sua fase embrionária, pois o presente feito foi instaurado por agente de Polícia totalmente incompetente, tornando, assim, o vício totalmente insanável, conforme dispõe o artigo 564, IV, do Código de Processo Penal".".

Outrossim, com a devida vênia ao estudo desencadeado pelo supracitado autor, tais fundamentos não merecem guarida, ainda que bem estruturados e concatenados, pois não é o entendimento que prevalece em nosso ordenamento jurídico pátrio, pelos fundamentos que a seguir passaremos a expor.

Consoante demonstrado no entendimento doutrinário diverso do qual buscamos apresentar como produto final da presente obra, vemos que a grande parte das teses contrárias, que defendem a hipótese do não cabimento da confecção do TCIP pela Polícia Militar, encontra assento na possível violação de preceito fundamenta constitucional, onde a lavratura do termo circunstanciado pela Polícia Militar seria, ainda que no campo da subjetividade, uma afronta ao artigo 144, entabulado no corpo da Magna Carta, bem como diante da premissa que a PM estaria atuando em atos de cunho investigatórios, os quais são inerentes e exclusivos da atividade de polícia judiciária. Postulam ainda que não compete ao policial militar lavrar o TCIP, arguindo para tanto, que tal ato é pré-processual, que é a gênese das atividades que dão início a persecução penal ulterior, que nada mais a propositura da Ação Penal pelo MP com o oferecimento da denúncia.

Pois bem, a contrário sensu aos respeitáveis autores figurantes no polo oposto ao nosso entendimento, não podemos olvidar que o interesse público deve prevalecer quando colide com interesses particulares, neste diapasão, não se pode preterir o bem social, o atendimento eficaz, célere e desburocratizado ao cidadão devido ao fato de existir imbróglios no termo autoridade policial e suas nuances envoltas nos mais abjetos sentimentos de centralização do conhecimento, poder e execução das atividades, quer sejam jurídicas, quer sejam administrativas. Com espeque no Enunciado nº 34 do FONAJE (Fórum Nacional de Juizados Especiais) que preconiza que "atendidas as peculiaridades locais, o termo circunstanciado poderá ser lavrado pela Polícia Civil ou Militar", encontramos mais uma vez amparo para tal atuação ser desencadeada pela Polícia Militar. Não obstante a isso, encontramos no artigo 2º da Resolução nº 309/05 da Secretaria do Estado da Segurança Pública do Estado do Paraná, ato este do poder executivo atacado pela classe de delegados do paraná como já mencionado acima, que além da Polícia Civil, a Polícia Militar do Estado do Paraná também é órgão competente para lavrar Termo Circunstanciado de Infração Penal.

Soma-se a isso, o fato da decisão proferida em acórdão

pelo Egrégio Tribunal de Justiça do Estado do Paraná, sobre os fatos arguidos e refutados na Ação Direta de Inconstitucionalidade promovida pelos Delegados de Polícia do Paraná, sob nº 1.556.279-5, ter sido extinta sem resolução de mérito, e na análise final, que passou pelo crivo dos desembargadores, foi sedimentado os seguintes entendimentos acerca do tema:

"Nesse julgamento, mesmo que tenha havido incursões dos julgadores sobre o fato de policiais militares lavrarem termo circunstanciado de ocorrência, não foi esse, definitivamente, o foco do debate, menos ainda o sentido da decisão final. Decidiu-se, isto sim, em sentido impeditivo porque inconstitucional, que policiais militares atendessem nas delegacias de polícia em substituição aos delegados civis. Não se aprofundou qualquer debate sobre a ontologia, a natureza e consequências jurídicas de um termo de ocorrência circunstanciado, tudo como sói acontecer num processo objetivo de inconstitucionalidade. A questão da lavratura dos termos circunstanciados foi, naquele caso, meramente circunstancial – consentindo-me a um jogo de palavras; não se discutiu sobre a lavratura do termo, mas sobre o exercício de função distinta da eminente ou tipicamente militar, e de maneira lata. Cumpre ainda que se divise, no entanto, se o ato de lavrar um termo circunstanciado se limita à formalização de um relato devido por praça que atenda a um chamado do cidadão, ou se se dá em um ato mais elaborado, a 'tomar lugar jurídico de delegado de polícia', envolvendo um juízo jurídico de avaliação (técnica), como mesmo reconhecido pelo Ministro Cezar Peluso em seu voto na Ação Direta da Inconstitucionalidade nº 3.614/PR. Na mesma assentada consta o registro do Ministro Gilmar Mendes (vencido na ocasião), remetendo-se ao voto do Ministro

> Celso de Melo, em que destaca algo que para o caso agora apreciado muito interessa: "(...) Por outro lado, a própria expressão 'termo circunstanciado' remete, como agora destacado pelo Ministro Celso de Melo, à Lei n. 9.099, que, na verdade, não é função primacial da autoridade policial civil. A doutrina registra que essa é uma função que pode ser exercida por qualquer autoridade policial. (...)."

Indo além, o Tribunal de Justiça do Paraná, ainda nos mesmos autos em epígrafe, assim assentou entendimento:

> "Além disso, tenha-se presente que, na perspectiva da eficiência administrativa e da efetividade dos princípios inerentes aos Juizados Especiais, a lavratura do TCIP pela Polícia Militar, tal qual regulamentada na Resolução nº 309/2005-SESP/PR, apoiar-se-ia também no plano da necessidade circunstancial. Isso porque é na atuação ostensiva e na preservação da ordem pública (próxima da população) que, no mais das vezes, a Polícia Militar (de maior contingente) toma conhecimento da ocorrência de infrações penais – especialmente as de menor potencial ofensivo, de que cuida a Lei nº 9.099/9531 –, tudo a recomendar a emissão, desde logo, do termo circunstanciado".

Colacionando com o entendimento do Egrégio Tribunal de Justiça do Estado do Paraná, referenciamos o Eminente Ministro Gilmar Mendes, durante voto proferido em Acórdão atinente a Ação Direta de Inconstitucionalidade nº 3.614/PR, onde arguiu no sentido que:

> "(...) Por outro lado, a própria expressão 'termo circunstanciado' remete, como agora desta-

> cado pelo Ministro Celso de Melo, à Lei n. 9.099,
> que, na verdade, não é função primacial da au-
> toridade policial civil. A doutrina registra que
> essa é uma função que pode ser exercida por
> qualquer autoridade policial. (...)".

Reforçando nossa tese, fazemos alusão ao dispositivo contido na carta de São Luís do Maranhão, durante o XVII Encontro Nacional do Colégio de Desembargadores Corregedores Gerais da Justiça do Brasil, onde registraram o seguinte teor de entendimento: "A expressão autoridade policial, na melhor interpretação do art. 69 da lei 9.099/95, é também o policial de rua, o policial militar, não constituindo, portanto, atribuição exclusiva da polícia judiciária a lavratura de Termos Circunstanciados"

Para trazer robustez ao tema, trazemos à baila entendimento recente do Egrégio Supremo Tribunal Federal que vem reforçando a tese de que o Termo Circunstanciado de Ocorrência pode ser confeccionada pelos integrantes dos órgãos de segurança pública, a exemplo da Polícia Militar, pois tal entendimento corrobora com os princípios norteadores dos Juizados Especiais Criminais, bem como, quando o procedimento administrativo é feito com simplicidade, informalidade e celeridade. Ademais, no tocante ao termo autoridade policial disposto e contido no artigo 69, através do STF. RE 1.050.631-SE, Min. Rel. Gilmar Mendes, decisão monocrática em 22/09/2017, extraímos que:

> "(...) Pela norma constitucional, todos os agentes que integram os órgãos de segurança pública – polícia federal, polícia rodoviária federal, polícia ferroviária federal, policias civis, polícia militares e corpos de bombeiros militares –, cada um na sua área específica de atuação, são autoridades policiais".

Nesta seara, como demonstrado no decorrer da abordagem ao assunto, em que pese existam divergências doutrinárias e jurisprudenciais acerca da temática, o firmamento insculpido de força maior é aquele em que se considera o termo autoridade policial, corolário do artigo 69 da lei 9.099/95, não adstrito ao Delegado de Polícia ou atividade exclusivamente de Polícia Judiciária ou investigativa, não se limitando apenas as Polícias Civis e Federal, mas sim aquele em que prevalece o princípio norteador da simplicidade contido nos Juizados Especiais Criminais, e que deve ser levado em conta na hora de lavrar o respectivo procedimento administrativo, podendo, portanto, as Polícias Administrativas, seja ela a Rodoviária Federal ou Polícia Militar, lavrar o Termo Circunstanciado de Infração Penal.

Nesta esteira, consubstanciado com os ensinamentos em apreço, temos que todos os agentes que integram os órgãos de segurança pública são competentes para lavrar o Termo Circunstanciado de Infração Penal e não apenas as polícias judiciárias, haja vista que o Termo Circunstanciado se diferencia do Inquérito Policial, pois não é dotado dos mesmos critérios, sigilos, formalidades e rigores, não tendo cunho e caráter específico da atividade exclusiva das carreias jurídicas, primando-se pelo pressuposto que o Termo Circunstanciado é uma peça informativa, que visa documentar o que é relatado verbalmente pelo cidadão ao agente que está reduzindo o relato a termo, com o fito de juntar elementos que irão instruir a eventual persecução administrativa desencadeada ulteriormente à apresentação dos fatos. O Ademais, no artigo 62, da lei 9.099/1995, está previsto o princípio norteador da simplicidade, logo, devemos ter insculpido que tal atividade deve ser elaborada do modo menos oneroso, tanto para ao cidadão que espera a tutela e proteção Estado, quanto para o ente estatal arcar com os menores custos processuais e temporais.

Imperioso se faz salutar que o entendimento que o que

prevalece nas cortes superiores e demais tribunais e juizados a elas subordinados, é que a Polícia Militar detém a competência legal para lavrar o Termo Circunstanciado de Infração Penal, por força constitucional, bem como da própria lei 9.099/1995, que disciplina a matéria, eis que como demonstrado ao longo do presente estudo, não subsiste nenhuma inconstitucionalidade na elaboração de Termos Circunstanciado de Infração Penal pela Polícia Militar, pois a própria Constituição Cidadã de 1988, não entabulou competência exclusiva para o registro de ocorrências, bem como para noticiar a prática ou a existência de crimes exclusivamente ao Delegado de Polícia, pois não se pode confundir registrar com investigar. Ademais, a interpretação mais acertada a ser dada ao binômio autoridade policial é aquela em que o interesse público prevalece juntamente com a aplicação da lei no caso concreto, pois chega-se à conclusão que no juizado especial é dispensado a instauração do inquérito policial, sendo este substituído pelo termo circunstanciado para comunicar o fato delituoso ao poder judiciário e dar início a apuração dos fatos pelo devido e competente órgão do poder público que detém a competência e legitimidade para dizer o direito, bem como para aplica-lo ao caso concreto e primando sempre pela legalidade, dar ao cidadão e a sociedade a resposta condizente ao direito violado.

6. Considerações Finais.

Ante todo o exposto no bojo do presente artigo, restou demonstrado, ainda que de forma sucinta, que a questão relativa ao cabimento ou não cabimento, da competência ou incompetência da lavratura do Termo Circunstanciado de Infração Penal pela Polícia Militar, embora não seja um tema com 100% de unanimidade entre os entendimento de legisladores, e profissionais atuantes nas duas áreas, encontra guarida nas decisões dos tribunais superiores, bem como nas recorrentes decisões exaradas pelo Supremo Tribunal Federal que pacificou entendimento no sentido de todos os agentes dos órgãos de segurança pública, são considerados como autoridade policial no que tange à possibilidade de elaborarem o TCIP nas esferas de suas respectivas competências, ainda, subsistindo arrimo à luz da própria Magna Carta de 1988, somado à inteligência da lei 9.099/1995 que autorizam a prestação da supracitada atividade ao cidadão brasileiro.

CAPÍTULO 5.

AS EXCLUDENTES DE ILICITUDE NO ÂMBITO DA SEGURANÇA PÚBLICA.

BRUNO MEYER LEVY

1. Conceito de crime

Primeiramente, para chegarmos à adequada compreensão do aspecto a ser tradado neste artigo, é necessário que verifiquemos o conceito analítico de crime. O qual compreende os seus elementos estruturais, prevalecendo que são três: fato típico, ilícito e culpável.

Quanto ao primeiro elemento, o fato típico, refere-se à ação ou omissão humana indesejada, produtora de um resultado e que se subsume formal e materialmente a uma norma penal. Trata-se de um comportamento humano descrito abstratamente na lei como crime. Tem como elementos a conduta, o nexo causal, o resultado e a tipicidade.

Em relação à ilicitude, a ser melhor explanada abaixo, é a manifestação de contrariedade entre a conduta e o ordenamento jurídico.

A culpabilidade, para a teoria tripartite, compõe o último substrato do crime. Entretanto, para a teoria bipartite, o crime é composto apenas pelo fato típico e ilícito, inclusive, é o que teria sido adotado pelo Código Penal de 1984, pois o legislador usa a expressão "é isento de pena" quando menciona as causas excludentes de culpabilidade. E, nos casos de exclusão de tipicidade e ilicitude, diz que "não há crime". Em que pese tal concepção, para a doutrina, a teoria tripartite é a mais acertada.

Assim, a culpabilidade é o juízo de censurabilidade e reprovação que incide sobre alguém que praticou um fato típico e ilícito. Dividida em três elementos: Imputabilidade, Potencial Consciência sobre a Ilicitude dos Fatos e Exigibilidade Conduta Diversa.

2. Ilicitude

2.1 Conceito

Também conhecida como **antijuridicidade**, é o segundo substrato do conceito analítico de crime.

De acordo com o eminente Rogério Sanches Cunha:

> Deve ser entendida como a conduta típica não justificada, espelhando a relação de contrariedade entre o fato típico e o ordenamento jurídico como um todo.
> (...) para existir o **crime**, deve ser demonstrado que uma conduta gerou um resultado com ajuste (formal e material) a um tipo penal (**fato típico**). Em seguida, é imprescindível verificar se essa violação típica não é permitida pelo nosso ordenamento jurídico: se permitida, não há ilicitude (desaparecendo o próprio crime); se não permitida, há ilicitude.[3]

Quanto à relação estabelecida entre os dois primeiros elementos do crime (**fato típico e ilicitude**), verificamos que a doutrina majoritária no Brasil, bem como a jurisprudência se inclinam para a teoria da indiciariedade ou da "ratio cognoscendi", na medida em que provada a tipicidade, há indícios de ilicitude. Ou seja, ocorrido o fato típico, ele é presumidamente ilícito (presunção relativa). Desta forma, não é ônus da acusação provar a inexistência de causa excludente de ilicitude, tão somente prova o fato típico. Cabe à defesa comprovar a ocorrência de uma das causas excludentes de ilicitude, portanto, a licitude do comportamento.

Apenas é necessário observar a ressalva feita pelo saudoso Professor Luiz Flávio Gomes no campo processual:

> Mas no campo processual, essa teoria da "ratio cognoscendi" deve ser analisada à luz do princípio do estado de inocência e de seu corolário principal, o princípio "in dubio pro reo ". Isso significa dizer que para ser absolvido o acusado não precisa provar a existência da excludente de ilicitude, mas tão somente demonstrar a probabilidade da ocorrência da causa justificante.

Isto significa que, mesmo que caiba à defesa comprovar a ocorrência de uma das causas de exclusão de ilicitude, o juiz deve absolver o acusado quando existirem circunstâncias que excluam o crime ou isentem o réu de pena, ou mesmo se **houver fundada dúvida** sobre sua existência.

> **CPP - Art. 386**. O juiz absolverá o réu, mencionando a causa na parte dispositiva, desde que reconheça:
> VI – existirem circunstâncias que excluam o crime ou isentem o réu de pena (arts. 20, 21, 22, 23, 26 e § 1º do art. 28, todos do Código Penal), ou mesmo se houver fundada dúvida sobre sua existência.

2.2 Espécies

As causas excludentes de ilicitude estão previstas principalmente na parte geral do Código Penal (art. 23). Entretanto, podemos encontra-las também na parte especial, como por exemplo no art. 128 (aborto justificado), bem como fora da legislação, como o consentimento do ofendido, que é causa supralegal de excludente de ilicitude.

> Art. 23 - Não há crime quando o agente pratica o fato:
> I - em estado de necessidade;
> II - em legítima defesa;
> III - em estrito cumprimento de dever legal ou no exercício regular de direito.
> Parágrafo único - O agente, em qualquer das hipóteses deste artigo, responderá pelo excesso doloso ou culposo.

2.3 Estado de Necessidade

O estado de necessidade ocorre nos casos que houver dois ou mais bens jurídicos em perigo e um deles tiver de ser sacrificado, considerando que é impossível proteger ambos.

> Art. 24 - Considera-se em estado de necessidade quem pratica o fato para salvar de perigo atual, que não provocou por sua vontade, nem podia de outro modo evitar, direito próprio ou alheio, cujo sacrifício, nas circunstâncias, não era razoável exigir-se.
>
> § 1º - Não pode alegar estado de necessidade quem tinha o dever legal de enfrentar o perigo.
>
> § 2º - Embora seja razoável exigir-se o sacrifício do direito ameaçado, a pena poderá ser reduzida de um a dois terços.

Havendo dois bens em perigo, permite-se que um deles seja sacrificado, pois a tutela penal, naquele caso, não consegue proteger ambos.

Os requisitos são extraídos do art. 24 do CP:

I. **Perigo Atual**: real, presente, derivado de fato humano ou comportamento animal, bem como de fato da natureza sem destinatário certo;

II. **A situação de perigo não tenha sido causada voluntariamente pelo agente**: não provocado por sua vontade;

III. **Salvar direito próprio ou alheio**: estado de necessidade próprio (direito próprio) ou estado de necessidade de terceiro (direito alheio);

IV. **Inexistência do dever legal de enfrentar o perigo**: quem, em razão da função ou ofício, tem o dever de enfrentar a situação de perigo, não pode sacrificar bem alheio para defesa do seu próprio direito.

V. **Inevitabilidade do comportamento lesivo**: o comportamento lesivo é o único meio para salvaguardar o direito próprio ou de terceiro.

VI. **Inexigibilidade de sacrifício do interesse ameaçado**: trata-se da verificação da proporcionalidade entre o bem protegido e o bem sacrificado, ponderando os valores de cada um. O Código Penal pelo art. 24, §2º adota a teoria unitária, na medida em que se o bem protegido tem valor maior ou igual ao bem sacrificado, exclui-se a ilicitude. Já se o bem protegido tem valor menor que o bem sacrificado, reduz-se a pena;

VII. **Conhecimento da situação de fato justificante**: trata-se da consciência e vontade de salvar direito próprio ou alheio.

2.4 Legítima Defesa

Prevista no art. 25 do Código Penal:

> Art. 25 - Entende-se em legítima defesa quem, usando moderadamente dos meios necessários, repele injusta agressão, atual ou iminente, a direito seu ou de outrem.
>
> Parágrafo único. Observados os requisitos previstos no caput deste artigo, considera-se também em legítima defesa o agente de segurança pública que repele agressão ou risco de agressão a vítima mantida refém durante a prática de crimes.   (Incluído pela Lei nº 13.964, de 2019)

Os elementos para reconhecimento desta excludente de ilicitude são:

I. **Agressão injusta**: agressão é a conduta (ação ou omissão) humana que ataca ou coloca em risco bem jurídico próprio ou de terceiro. Injusta é aquela contrária ao direito, não necessariamente apta a configurar infração penal;

II. **Atual ou iminente**: atual é aquela que está ocorrendo (presente), iminente é aquela prestes a ocorrer;

III. **Uso moderado dos meios**: trata-se da proporcionalidade entre o ataque e a defesa. Deve ser usada de forma moderada (sem excessos) o meio necessário (menos lesivo);

IV. **Proteção de direito próprio ou de outrem**: legítima defesa própria ou de terceiro;

V. **Conhecimento da situação de fato justificante**: consciência que há um ataque atual ou iminente.

2.5 Estrito cumprimento do dever legal

Trata-se de uma ação que é praticada decorrente de um dever imposto por lei, mesmo que cause lesão a bem jurídico de terceiros

Requisitos para configuração desta excludente de ilicitude: **exercício imposto ao agente da Administração Pública e cumprimento nos exatos limites impostos**.

O Professor Rogério Sanches ilustra:

> Pense-se, a título de exemplo, no policial que emprega violência moderada (mas necessária) para concretizar a prisão em flagrante de perigoso assaltante, ou no Juiz que, na sentença, emite conceito desfavorável quando se reporta ao sentenciado. As condutas dos servidores (policial e juiz), apesar de típicas (lesão corporal e injúria, respectivamente), estão justificadas pelo estrito cumprimento do dever legal (imposto pelos arts. 301 do CPP e 142, III, do CP).[4]

2.6 Exercício regular de um direito

É a realização de prática autorizada por lei, que torna lícito um fato típico. Se há um direito, autorizado pela lei e regular o seu exercício, o agente não pode ser punido, como se praticasse um delito, quando o exercita.

Essa excludente de ilicitude alcança as condutas do cidadão comum (ao contrário da causa de justificação do estrito cumprimento do dever legal).

Requisitos para sua configuração: proporcionalidade, indispensabilidade e conhecimento do agente que atua em favor do seu direito.

Mais uma vez, com salutar didática, o Professor Rogério Sanches explica:

> A prática de determinados esportes pode gerar lesão corporal e até morte. Porém, não se pode ignorar que o Estado incentiva a prática esportiva (Lei 9.615/98 – Lei Pelé –, art. 3º, abrangendo as modalidades violentas). O atleta, no seu mister, pode invocar a descriminante do exercício regular de direito.
>
> Age no exercício regular de direito o possuidor de boa-fé que retém coisa alheia para ressarcir-se das benfeitorias necessárias e úteis não pagas (art. 1219 do Código Civil), bem como os pais que castigam (moderadamente) os filhos como meio de dirigir-lhes a criação e educação (art. 1634, I, do Código Civil).

Para que o exercício de um direito seja regular e exista a exclusão da ilicitude, não podem ser ultrapassados os limites, determinados ou explícitos, com que o ordenamento jurídico extrapenal faculta o seu exercício (STJ – APn: 629 RO

2010/0054273-4, Relator: Ministra NANCY ANDRIGHI, Data de Julgamento: 28/06/2018, CE – CORTE ESPECIAL, Data de Publicação: DJe 10/08/2018).

2.7 Limites

Tais causas justificantes encontram limites no próprio Código Penal, na medida em que o art. 23, parágrafo único, assim enuncia:

> **Excesso punível**
> Parágrafo único - O agente, em qualquer das hipóteses deste artigo, responderá pelo excesso doloso ou culposo.

Trata-se de preocupação do legislador, afim de estabelecer limites da reação do agente. Prevendo que de acordo com sua intenção, o excesso poderá ensejar a responsabilidade por dolo ou culpa.

2.8 Atuação dos Agentes de Segurança Pública

Ao longo do exercício profissional, os agentes de segurança pública, diante de um caso concreto, precisam usar de força necessária para controlar determinada situação. Não fosse as excludentes de ilicitude, sua conduta poderia configurar crime, passível de aplicação de pena. Graças as causas de justificação, tais ações são legítimas e resguardadas de qualquer responsabilidade.

Se as atitudes fossem olhadas desvinculadas de todo o contexto, poder-se-ia dizer que tratavam-se de ações típicas (infrações penais, como homicídio – art. 121 do CP; lesão corporal – art. 129 do CP). Entretanto, ao serem analisados todos os fatos, verifica-se que as ações estão acobertadas pelas normas que excluem a antijuridicidade da conduta.

Inclusive, trata-se de dever funcional de agir para a manutenção da segurança pública visando o bem comum.

Exemplo de estado de necessidade, o qual configura excludente a ilicitude da ação, é a situação em que os agentes de segurança pública precisam se abrigar dentro de uma residência para se protegerem durante troca de tiros. Veja-se que, vista desvinculada do contexto, a atitude poderia configurar o crime de violação de domicílio (art. 150 do CP), mas em razão da necessidade de salvar direito próprio de perigo atual, a conduta se torna lícita.

Sabemos que, de acordo com o Código de Processo Penal, no seu art. 301, é dever da autoridade policial prender quem está em flagrante delito. Ora, ao realizar a prisão de um indivíduo, mesmo que lhe causa lesão corporal ou tenha que adentrar numa casa, não haverá configuração de delito, pois age de acordo com o dever legal imposto.

Quanto à legítima defesa, podemos citar a ocorrência em que o policial é alvejado por disparos de arma de fogo e, revidando, causa a morte do indivíduo. Claro está que, repelindo injusta agressão atual a direito seu, não comete crime.

Nesta mesma linha, a nova redação do art. 25 do Código Penal, no seu parágrafo único, deixou expresso que se considera também em legítima defesa o agente de segurança pública que repele agressão ou risco de agressão a vítima mantida refém durante a prática de crimes.

> Art. 25 - Entende-se em legítima defesa quem, usando moderadamente dos meios necessários, repele injusta agressão, atual ou iminente, a direito seu ou de outrem.
>
> Parágrafo único. Observados os requisitos previstos no **caput** deste artigo, considera-se também em legítima defesa o agente de segurança pública que repele agressão ou risco de agressão a vítima mantida refém durante a prática de crimes. (Incluído pela Lei nº 13.964, de 2019)

Embora, já antes mesmo desta inclusão, era possível a caracterização de excludente de ilicitude nestes casos, o legislador prestigiou a atuação deste agentes públicos no exercício de sua função.

Este novo dispositivo, nos termos do próprio projeto de lei, corrige situação atual de absoluta insegurança do policial, pois não necessita mais aguardar a ameaça concreta ou o início da execução do crime para, só depois, reagir. Com a nova redação, ele pode agir preventivamente, ou seja, quando houver risco iminente à vítima mantida refém.

3 Considerações finais

Este trabalho buscou realizar um apanhado doutrinário sobre as excludentes de ilicitude. Bem como, em que medida elas se aplicam na atuação dos agentes de segurança pública.

Sabemos que tais agentes desenvolvem um trabalho árduo e desgastante, devendo o Estado conceder maior apoio e amparo, inclusive por meio de dispositivos legais, que os resguardem na sua legítima atuação em prol da segurança pública.

CAPÍTULO 6.

CONTABILIDADE PÚBLICA BRASILEIRA APÓS ADVENTO DA LEI Nº 4.320/1964.

GILBERTO RENTZ

1. Introdução.

A elaboração deste trabalho tem como objetivo pesquisar o comportamento da contabilidade pública com as mudanças ocorridas na administração governamental, evolução do papel da contabilidade pública e sua relevância para a administração, tomando como marco inicial o ano de 1964 após a publicação da lei 4.320 abrangendo até o período atual. A coleta de dados para obter subsídios foi realizada através da literatura, legislação específica, sites governamentais, e observou-se que a contabilidade pública vem acompanhando as mudanças nos modelos de administração, incrementando seu papel frente ao aumento do interesse das informações oferecidas, essa demanda é crescente pelos usuários internos e externos, fatos que trazem a exigência de modernização, com isso, em 2008 iniciou uma mudança significativa na contabilidade pública, com intuito de oferecer informações mais confiáveis e padronizadas por todos os entes da federação, que é o chamado processo de convergência as Normas Internacionais de Contabilidade Aplicadas ao Setor Público, esse processo também visa focar a contabilidade no patrimônio, que historicamente no setor público sempre foi no orçamento.

Desde o surgimento dos conceitos mais primitivos de patrimônio, transações com aquisição de direitos, assunção de obrigações que acarretavam mutações na situação patrimonial, já existia a necessidade de anotações para controle, nesse momento, mesmo de maneira inconsciente já estava presente a contabilidade.

Os avanços são constantes, e com eles surge à necessidade de maior conhecimento para controlar, a contabilidade vem se disponibilizando e surge como ciência capaz de ser modernizada e aprimorada para fornecer informações que satisfaçam as necessidades dos seus usuários.

A necessidade de registro e controle do patrimônio existe tanto na iniciativa privada quanto na administração pública, porém no serviço público é mais que uma obrigação legal é também moral a demonstração e transparência dos atos, por se tratar de recursos da população. Frente a esses quesitos foram emitidos diversos atos para regulamentação contábil, dando enfoque conforme a interesses da época e a forma de governo, que passou do patrimonialista para o burocrático e deste ao chamado gerencial.

Em 1964, dias antes do golpe militar foi promulgada a lei n ° 4.320, considerada um marco para a contabilidade pública no Brasil, estabeleceu normas dentro da contabilidade pública e a tornou um instrumento de controle para os gestores, esta lei ainda está em vigor, mas desde sua edição houve mudanças na forma de administrar, na visão dos governantes nas exigências da sociedade.

Diante disso, pretende-se com esse trabalho demonstrar a

evolução da contabilidade pública e o seu papel com a administração e a sociedade, após a edição da lei 4.320, atingindo até os dias de hoje, onde a contabilidade esta passando por um importante processo de convergência as Normas Internacionais de Contabilidade Aplicadas ao Setor Público.

Justifica-se a relevância deste trabalho para entender o caminho trilhado pela contabilidade pública, e o seu aproveitamento pelos gestores, após a edição da referida lei, até chegar ao processo de padronização para atender também usuários internacionais.

2. Referencial Teórico.

2.1 Mudanças na Contabilidade Pública no Brasil após a promulgação da Lei 4.320/1964.

Referencial importante para a contabilidade pública foi a promulgação da lei 4.320/64, ainda vigente, que estatuiu normas gerais de direito financeiro para a elaboração e controle dos orçamentos e balanços, nas três esferas de governo.

Definiu o método das Partidas Dobradas como obrigatórias na contabilidade pública, também inferiu o Balanço Patrimonial, o Balanço Orçamentário, o Balanço Financeiro, a Demonstração das Variações Patrimoniais, como demonstrações contábeis obrigatórias para a administração pública, estabeleceu diretrizes para buscar o equilíbrio das contas públicas, nesta busca reafirmou caráter burocrático implantado em 1936 para substituir administração patrimonialista, com foco principal no orçamento, ou seja, maior controle na previsão e arrecadação das receitas e na fixação e execução das despesas. A administração pública burocrática, segundo Pereira (1996), surge para refutar a corrupção e o nepotismo advindos dos modelos anteriores.

Introduziu em seus dispositivos a necessidade de o orçamento evidenciar os programas de governo que é um instrumento de organização da atuação governamental que articula um conjunto de ações realizadas para a concretização de um objetivo comum estabelecido previamente, visando solucionar um problema ou dar atendimento a uma determinada necessidade ou demanda da sociedade.

Durante longos anos após a Constituição de 1946, foi discutida a alteração da legislação referente a orçamentos, contabilidade e prestação de contas dos governantes, sendo que em 1964 foi editada a Lei nº. 4.320, de 17 de março, a qual representou um grande avanço, principalmente, no que se refere à padronização dos orçamentos e balanços da União, Estados, Distrito Federal e Municípios, com o rompimento da classificação da despesa, apenas, segundo sua natureza, em Verba, Consignação e Subconsignação, passando a estabelecer a obrigatoriedade da classificação denominada de "funcional-programática", indicadora das ações do governo e que vigora até hoje.

Também reafirmou o papel da contabilidade em registrar e evidenciar perante a Fazenda Pública a situação de todos quantos, de qualquer modo, arrecadem receitas, efetuem despesas, administrem ou guardem bens a ela pertencentes ou confiados.

A rigidez burocrática engessa as ações, com isso ocorreram algumas tentativas de simplificar este modelo, em 1967 é lançado o Decreto-lei nº. 200, que Dispõe sobre a organização da Administração Federal, estabelece diretrizes para a Reforma Administrativa.

Segundo Ribeiro (2009), foi o Decreto-lei nº 200, de 1967, que aprovou a reforma administrativa federal e pode ser considerado o primeiro momento da administração gerencial.

A partir deste Decreto-lei, de acordo com Cochrane (2003), no controle interno houve mudança, passando a dar atenção ao processo de fiscalização financeira. O mesmo promoveu a mudança das atividades de produção de bens e serviços para fundações, empresas públicas, autarquias e sociedades de economia mista. Foi instituído como princípios a descentralização do governo, que foi o principal, o controle de resultados, o planejamento e o orçamento.

Inseriu-se na contabilidade o papel de apurar os custos dos serviços de forma a evidenciar os resultados da gestão.

De acordo com Silva (2004), é evidente que houve mudanças substanciais na atuação da administração com a edição do Decreto 200, que criou condições para a eficácia e controle externo, acompanhamento e avaliação dos resultados dos programas de trabalho, julgamento das contas dos administradores com base nos levantamentos contábeis.

Contudo o governo encontrava dificuldades no gerenciamento e na eficácia do controle das contas públicas e o levantamento das demonstrações contábeis tornavam se intempestivas pela falta de integração dos sistemas e a existência de milhares de contas bancárias do governo federal. Houve uma série de ações para acabar, ou pelo menos, diminuir estes problemas, criando mecanismos para dar tempestividade e permitir que a contabilidade seja fonte confiável de informações gerenciais, possibilitando maior transparência dos gastos públicos.

Em 1986 foi criada a Secretaria do Tesouro Nacional através do Decreto nº. 92.452; e no mesmo ano o Decreto 93.872 dispõe sobre a unificação dos recursos de caixa; em 1987 implanta-se o Sistema Integrado de Administração Financeira, esse sistema é utilizado por todos os Órgãos da Administração Pública Federal direta e indireta, contemplados no Orçamento Fiscal e da Seguridade Social; logo em 1988 foi criada a Conta Única do Tesouro Nacional junto ao Banco Central.

Em 5 de outubro de 1988, foi promulgada a Constituição da República Federativa do Brasil, de acordo com Bresser Pereira (1996), esta nova constituição trouxe um certo retrocesso na administração pública devido ao engessamento do aparelho estatal, pois estendeu processos mais burocráticos para os serviços do Estado e das próprias estatais. Um exemplo, é que essa Constituição retirou da administração indireta a sua flexibilidade operacional, atribuindo às autarquias e fundações públicas, regras semelhantes às que regem a administração direta.

> Art. 37. A administração pública direta e indireta de qualquer dos Poderes da União, dos Estados, do Distrito Federal e dos Municípios

> obedecerá aos princípios de legalidade, impes-
> soalidade, moralidade, publicidade e eficiên-
> cia e, também, ao seguinte:
>
> XXI - ressalvados os casos especificados na
> legislação, as obras, serviços, compras e aliena-
> ções serão contratados mediante processo de
> licitação pública que assegure igualdade de
> condições a todos os concorrentes, com cláusu-
> las que estabeleçam obrigações de pagamento,
> mantidas as condições efetivas da proposta,
> nos termos da lei, o qual somente permitirá
> as exigências de qualificação técnica e econô-
> mica indispensáveis à garantia do cumpri-
> mento das obrigações. (Constituição Federal
> de 1988).

Já segundo Cochrane (2003), essa constituição apresentou novidade ao controle da execução financeira e orçamentária, defendendo o controle interno em cada poder, um controle externo exercido pelo Legislativo e a necessidade de transparência dos gastos públicos.

Também chamada de constituição cidadã, de acordo com Ribeiro (2009), foi um referencial para o controle social no Brasil, baseada na participação popular, com a criação de instrumentos constitucionais que possibilitaram a atuação da sociedade.

No século XXI, foi publicada a Lei Complementar 101 de 04 de maio de 2000, conhecida como Lei de Responsabilidade Fiscal, estabelece normas de finanças públicas voltadas para a responsabilidade na gestão fiscal, essa lei abrange todos os órgãos de todos os Poderes, fundações, autarquias, fundos e empresas estatais dependentes de todos os entes da Federação. A LRF não trouxe mudanças na ciência contábil, porém, tornou mais evidente que as informações contábeis são essenciais para gestão da máquina pública na busca do equilíbrio das contas, no controle, planejamento, transparência e aferição do resultado no cumprimento das metas fiscais. A lei complementar 131/2009, acrescentou dispositivos a lei complementar nº 101/2000, reforçando a necessidade de dar publicidade dos atos públicos para maior transparência das contas possibilitando um controle social mais efetivo.

Os principais fatores que levaram a criação da LRF, segundo Cochrane (2003), foram: o controle das contas públicas, de forma a evitar déficits; a necessidade de melhorar o planejamento da ação governamental, aplicação dos recursos de forma consciente e sustentável; controlar os limites para geração de despesas, do montante da dívida pública e transparência da gestão orçamentária e financeira.

Para possibilitar uma gestão fiscal mais eficiente e com maior controle a Lei de Responsabilidade Fiscal exige a elaboração dos seguintes anexos e relatórios:

Anexo de Riscos Fiscais (ARF), são avaliados os passivos contingentes e outros riscos fiscais capazes de afetar as contas públicas, apontando as providências que serão tomadas, caso se concretizem.

Anexo de Metas Fiscais (AMF), são estabelecidas metas anuais, em valores correntes e constantes, relativas a receitas, despesas, resultados nominal e primário e montante da dívida pública, para o exercício a que se referirem e para os dois seguintes.

Relatório Resumido da Execução Orçamentária (RREO), elaborado e publicado pelo Poder Executivo e abrange os órgãos da Administração Direta e entidades da Administração Indireta, de todos os Poderes, constituídos pelas autarquias, fundações, fundos especiais, e as empresas públicas e sociedades de economia mista que recebem recursos dos Orçamentos Fiscal e da Seguridade Social (empresas estatais dependentes). O RREO também é composto por Balanço Orçamentário, Demonstrativo da Receita Corrente Líquida, Demonstrativos das Ações e Serviços Públicos de Saúde e de Manutenção e Desenvolvimento do Ensino, para analise do cumprimento dos limites constitucionais.

Relatório de Gestão Fiscal (RGF), elaborado até trinta dias após o encerramento de cada quadrimestre com o objetivo de dar transparência à gestão fiscal do titular do Poder/órgão realizada no período, principalmente por meio da verificação do cumprimento dos limites de despesa total com pessoal, dívida consolidada, concessão de garantias e contra garantias, operações de crédito e no ultimo quadrimestre deverá acrescentar o demonstrativo do montante da disponibilidade de caixa em trinta e um de dezembro e da inscrição em Restos a Pagar.

Em vista a contínua necessidade de evolução e os avanços da globalização que requer a padronização das demonstrações contábeis para possibilitar a comparabilidade das informações na esfera nacional e internacional, em 2008 o Ministério da Fazenda publicou a portaria n°. 184 que "dispõe sobre as diretrizes a serem observadas no setor público quanto aos procedimentos, práticas, elaboração e divulgação das demonstrações contábeis, de forma a torná-los convergentes com as Normas Internacionais de Contabilidade Aplicadas ao Setor Público".

Também em 2008 o Conselho Federal de Contabilidade publicou as NBCASP (Normas Brasileiras de Contabilidade Aplicadas ao Setor Público), para direcionar o processo de convergência da contabilidade pública às normas internacionais, juntamente com as IPSAS (Normas Internacionais de Contabilidade Aplicadas ao Setor Público), e que são expedidas pelo IFAC (Federação Internacional de Contadores), uma organização mundial, a qual o Brasil participa.

Em 2009 foi publicada a primeira edição PCASP (Plano de Contas Aplicado ao Setor Público), que é uma estrutura padronizada e obrigatória para toda a federação, no mesmo ano foi publicado o MCASP (Manual de Contabilidade Aplicado ao Setor Público), editado anualmente, de acordo com IPSAS e normas do Conselho Federal de Contabilidade. Em 2014 tornou-se obrigatório para todos os entes da federação a implantação do novo PCASP.

Esse novo modelo tem como objetivo resgatar a essência da contabilidade aplicada ao setor público, dando enfoque mais adequado ao patrimônio, que é o objeto da contabilidade, porém, sem descuidar do orçamento que é uma importante ferramenta de gestão. A padronização da contabilidade e sua convergência as normas internacionais visa modernizar os procedimentos contábeis, possibilitar a geração de informações mais úteis, aos investidores, na prestação de contas, na tomada de decisões, no controle social e viabilizar a consolidação das contas nacionais de todos os entes da federação, com a elaboração do Balanço Nacional do Setor Público, conforme estabelece a Lei de Responsabilidade Fiscal (LC 101/00).

Segundo Tribunal de Contas do Estado do Mato Grosso (2011) e a Secretaria do Tesouro Nacional (2013) com o processo de convergência a contabilidade pública terá significativas mudanças conceituais e na aplicação dos seus princípios, conforme alguns exemplos abaixo apresentados:

Deixa de utilizar o regime misto (que contabiliza as receitas pelo regime de caixa e as despesas pelo regime de competência) e passa a utilizar o regime de competência, para receitas e para as despesas;

- A implantação do sistema de custos no setor público;

- A contabilidade pública passa a registrar depreciação e outros fenômenos econômicos para demonstrar o valor real do patrimônio público;

- Registro dos bens de uso comum mensuráveis, que são bens de vida útil determinável, que absorvem recursos e geram benefícios como exemplo a pavimentação de ruas e praças.

As mudanças para convergência estão acontecendo gradualmente devido a complexidade e necessidade de normativos para dar suporte e padronização dos procedimentos, alguns prazos aplicados para todos os entes da federação estão estabelecidos conforme Portaria 634/2013 da Secretaria do Tesouro

Nacional.

- Implantação do novo Plano de Contas Aplicado a Setor Público (PCASP) e as Demonstrações Contábeis Aplicadas ao Setor Público (DCASP), até o final de 2014;

- Procedimentos Contábeis Patrimoniais (PCP), os prazos a serem definidos por ato normativo específico da STN para cada procedimento;

-Procedimentos Contábeis Específicos (PCE), a partir de 2013;

-Procedimentos Contábeis Orçamentários (PCO), aplicabilidade imediata;

-Consolidação das contas dos entes da federação, consolidação nacional e por esfera de governo das contas de 2014, a ser realizada em 2015.

A titulo ilustrativo será apresentado quadros demonstrativos da estrutura básica do antigo plano de contas, o qual não era obrigatório para os entes, e do novo plano de contas aplicado obrigatoriamente para todos os entes da federação.

Estrutura do antigo plano de contas

1 – Ativo 1.1- Circulante 1.2 - Realiz. Longo Prazo 1.4 - Permanente 1.9 - Compensado	**2 - Passivo** 2.1 - Circulante 2.2 - Exigível a Longo Prazo 2.4 - Patrimônio Líquido 2.9 - Compensado
3 – Despesa Orçamentária 3.3 - Despesas Correntes 3.4 - Despesas de Capital	**4 – Receita Orçamentária** 4.1 - Receitas Correntes 4.2 - Receitas de Capital
5 - Resultado Diminutivo 5.1 - Resultado Orçamentário 5.2 - Res.Extra-orçamentário 5.6 – Despesas e Custos	**6 - Resultado Aumentativo** 6.1 - Result. Orçamentário 6.2 - Res.Extra-orçamentário 6.3 - Resultado Apurado

Estrutura do novo plano de contas

1 – Ativo 1.1- Ativo Circulante 1.2 – Ativo Não Circulante	2 - Passivo 2.1 – Passivo Circulante 2.2 – Passivo Não Circulante 2.3 - Patrimônio Líquido
3 – Variação Patrimonial Diminutiva 3.1 - Pessoal e Encargos 3.2 – Benefícios Previdenciários e Assistenciais ... 3.9 – Outras Variações Patrimoniais Diminutivas	4 – Variação Patrimonial Aumentativa 4.1 – Impostos, Taxas e Contribuições de Melhoria 4.2 - Contribuições ... 4.9 – Outras Variações Patrimoniais Aumentativas
5 – Controles da Aprovação do Planejamento e Orçamento 5.1 – Planejamento Aprovado 5.2 – Orçamento Aprovado 5.3 – Inscrição de Restos a Pagar	6 – Controles da Execução do Planejamento e Orçamento 6.1 – Execução do Planejamento 6.2 – Execução do Orçamento 6.3 – Execução de Restos a Pagar
7 – Controles Devedores 7.1 – Atos Potenciais 7.2 – Administração Financeira 7.3 – Dívida Ativa 7.4 – Riscos Fiscais 7.8 – Custos 7.9 – Outros Controles	8 – Controles Credores 8.1 – Execução dos Atos Potenciais 8.2 – Execução da Administração Financeira 8.3 – Execução da Dívida Ativa 8.4 – Execução dos Riscos Fiscais 8.8 – Apuração de Custos 8.9 – Outros Controles

(Secretaria do Tesouro Nacional- Sistema Integrado de Administração Financeira)

Com todas as mudanças citadas no decorrer do desenvolvimento deste trabalho, atualmente as demonstrações contábeis obrigatórias ao setor público, conforme resolução 1.133/2008 do Conselho Federal de Contabilidade são:

- Balanço Patrimonial (BP);

- Balanço Orçamentário (BO);

- Balanço Financeiro (BF);

- Demonstração das Variações Patrimoniais (DVP);

- Demonstração dos Fluxos de Caixa (DFC);

- Demonstração das Mutações do Patrimônio Liquido (DMPL), deve ser elaborada apenas pelas empresas estatais dependentes e pelos entes que as incorporarem no processo de consolidação das contas;

- Notas Explicativas (NE). são informações complementares das demonstrações que buscam esclarecer de modo transparente os resultados.

3. Conclusão.

O desenvolvimento desse trabalho tem como objetivo demonstrar a evolução da contabilidade pública no Brasil após a promulgação da lei 4.320/64, vigente até hoje devido à importância que representa, considerada um marco para a contabilidade pública.

No momento da edição dessa lei verifica-se que as informações contábeis eram destinadas principalmente para controle com foco no orçamento e busca do equilíbrio das contas, estabeleceu regime misto para o registro das receitas e despesas, sendo de caixa e competência respectivamente, modelo ultraconservador para evitar que o administrador comprometa recursos que ainda não existam no caixa, juntamente se firmou uma administração burocrática como medida de inibir a corrupção.

Em 1967 com o decreto 200 pretendeu-se minimizar a rigidez burocrática, tendo como principio a descentralização do governo, dando um sinal de uma administração gerencial, com ele a contabilidade ganha papel de apurar os custos dos serviços de forma a evidenciar os resultados da gestão, mas o governo tinha dificuldades no gerenciamento eficaz, pois a contabilidade apresentava demonstrativos intempestivos devido à falta de integração dos sistemas, e ainda a existência de milhares de contas bancárias da administração federal.

Com intuito de diminuir estas dificuldades, em 1986 criou a Secretaria do Tesouro Nacional como órgão central de coordenação e controle financeiro, ainda houve a unificação dos recursos de caixa na conta do Tesouro Nacional no Banco do Brasil, em 1987 foi implantado o SIAFI (Sistema Integrado de Administração Financeira), utilizado por toda administração federal direta e indireta contemplada no orçamento, no ano seguinte foi criada a Conta Única do Tesouro Nacional junto ao Banco Central. Essas ações tornaram a contabilidade mais confiável e tempestiva no fornecimento de informações dentro da administração pública.

Em 1988, foi promulgada nova constituição, estabeleceu a necessidade de um controle interno em cada poder, e o controle externo exercido apenas pelo poder legislativo, também chamada de constituição cidadã, foi um referencial para controle social, criou instrumentos para participação popular e fixou a necessidade de transparência dos gastos públicos, retirou a flexibilidade da administração indireta, submetendo as mesmas regras da direta.

Frente à necessidade de regulamentação de dispositivos da Constituição de 1988, no ano de 2000, foi publicada a lei complementar 101, conhecida como lei de Responsabilidade Fiscal, que deixou evidente a importância das técnicas contábeis e a necessidade dos seus demonstrativos para o cumprimento das exigências legais, no controle das contas públicas, numa administração racional, responsável, eficiente e transparente.

Em 2008 foi iniciada uma importante transformação na contabilidade pública, pelo Ministério da Fazenda em conjunto com Conselho Federal de Contabilidade e apoio da Secretaria do Tesouro Nacional, que é o processo de convergência da contabilidade pública as normas internacionais, essa convergência visa padronizar a contabilidade para todos os entes da federação, fornecendo informações mais modernas, padronizadas, comparáveis, melhorar sua utilidade perante seus diversos usuários, possibilitar a consolidação das contas e a elaboração do Balanço Nacional do Setor público, conforme estabelecido pela Lei de Responsabilidade Fiscal.

Historicamente o foco sempre foi no orçamento, essa mudança também busca resgatar no setor público o objeto da Ciência Contábil, que é o Patrimônio, trazendo sua essência para a administração pública, como exemplo, contabilização da depreciação, registro das receitas e despesas pelo regime de competência.

Ao final conclui-se que a lei 4.320/64 inseriu a contabilidade definitivamente como instrumento importante da administração pública, ainda que direcionada as necessidades do modelo de administração da época, ao passar do tempo vieram mudanças no modelo de administração e novas legislações, sem trazer mudanças significativas propriamente na contabilidade, o que houve com maior intensidade foram alterações no tratamento dado as informações contábeis e o seu aproveitamento pela administração para obter o suporte necessário, ocorrendo incremento do seu papel nas decisões do governo, porém, uma mudança substancial na contabilidade pública iniciou em 2008, e está trazendo para o setor público os seus princípios e aproximando da aplicada na iniciativa privada, guardando as diferenciações necessárias devido às peculiaridades, para que a contabilidade pública possa cumprir o seu papel perante a sociedade e os diversos usuários em nível global.

CAPÍTULO 7.

OS IMPACTOS DA REFORMA PREVIDENCIÁRIA ENTRE OS SERVIDORES PÚBLICOS ESTADUAIS DO PARANÁ.

INÊS APARECIDA MOCELIM

PIERO MOCELIM.

1. Resumo

Este artigo tem como objetivo explicar e demonstrar Os Impactos da Reforma da Previdência Estadual entre os Servidores Públicos do Paraná, tendo como fato norteador deste trabalho os princípios dispostos em nossa Carta Magna, notadamente o da Vedação ao Retrocesso Social e o da Contrapartida, bem como, quer aclarar dúvidas a respeito das mudanças técnicas nas regras de concessão do benefício de aposentadoria, e também, e não menos importante, evidenciar as regras em harmonia com a Reforma da Previdência na esfera Federal. Partindo-se do uso de metodologia dedutiva, analítica e crítica, pretende-se apresentar o tema proposto usando textos de balizada doutrina e de jurisprudência pátria, concluindo que alguns dos princípios-base do ramo do Direito Previdenciário estão sendo infringidos, e que os tutelados por estas normas pouca segurança sentem diante das mudanças fixadas.

Palavras-chave: Aposentadoria; Benefício; Carta Magna; Princípios.

2. Introdução.

Os princípios-guia do Direito Previdenciário ocasionam uma rica discussão acerca do que ocorre hoje em todo o país. Será que estão sendo respeitados? Ou servem apenas para enriquecer obras jurídicas? Algo que deve ser observado neste roteiro é a falta de respeito ao contribuinte, pois é ele quem supre as demandas que esta Reforma Previdenciária objetiva.

Pois bem, utilizando-se da pesquisa bibliográfica e jurisprudencial, foi evidenciada a falta de observância aos princípios que regem o Direito Previdenciário, que necessitam de maior repercussão. Como falar de não retrocesso social em uma época que são impostas medidas que dificultam alcançar o tão almejado "direito adquirido"? Este texto esplandece as mudanças que a Reforma da Previdenciária Estadual Paranaense impõe, as alterações no cálculo para a concessão de benefício, quais são as regras de transição, e também os pontos em comum com a Reforma Previdenciária de nível Federal.

Para que haja melhor compreensão, sobre o motivo do desdobramento deste tema, a sua análise foi desenvolvida a partir dos seguintes tópicos:

2.1 Por que fazer a reforma?

Pressão demográfica. O colapso fiscal pode se aproximar, como já ocorre em alguns Estados brasileiros, como o Paraná, que em abril de 2019, segundo a Federação das Indústrias do Rio de Janeiro (Firjan), já tinha um déficit de 4,8 bilhões de reais. Por isso, o Governo Estadual não quis esperar a PEC paralela a ser decidida pelo Governo Federal, e aprovou sua própria Emenda a Constituição Estadual.

Com o envelhecimento da população Brasileira, logo teremos maior número de pessoas recebendo o benefício de aposentadoria do que contribuindo para a previdência. Conforme o IBGE, a expectativa de vida dos brasileiros está aumentando, de 69,8 anos em 2000, para 75,5 anos em 2015. No entanto, a taxa de fecundidade caiu de 4,1 filhos nascidos vivos por mulher em 1980, para 1,7 em 2015.

Como dito por Paulo Tafner, em um artigo publicado no site Infomoney: "O colapso fiscal não está distante. Nossos idosos podem não receber suas aposentadorias, como já mostram diversos estados brasileiros. Nossas crianças e jovens seguem enfrentando pobreza inaceitável e falta de oportunidades. Nossos jovens continuam encontrando obstáculos na busca de empregos e crescimento no mercado de trabalho".

3. Seguridade Social X Previdência Social - Fundamentação Legal.

O presente estudo objetiva destacar os impactos da reforma previdenciária entre os servidores públicos do Estado do Paraná, todavia, faz-se necessária uma breve explanação sobre os conceitos de seguridade social, previdência social, os princípios basilares do referido instituto e as alterações trazidas com a EC n103 de 12/11/2020.

O conceito de seguridade social está esculpido no artigo 194 da Constituição Federal Brasileira, abaixo transcrito:

> **Art. 194.** A seguridade social compreende um conjunto integrado de ações de iniciativa dos Poderes Públicos e da sociedade, destinadas a assegurar os direitos relativos à saúde, à previdência e à assistência social.
>
> Parágrafo único. Compete ao Poder Público, nos termos da lei, organizar a seguridade social, com base nos seguintes objetivos:
>
> I -universalidade da cobertura e do atendimento;
>
> II -uniformidade e equivalência dos benefícios e serviços às populações urbanas e rurais;
>
> III -seletividade e distributividade na prestação dos benefícios e serviços;
>
> IV -irredutibilidade do valor dos benefícios;
>
> V - equidade na forma de participação no custeio;
>
> VI - diversidade da base de financiamento, identificando-se, em rubricas contábeis específicas para cada área, as receitas e as despesas vinculadas a ações de saúde, previdência e assistência social, preservado o caráter contributivo da previdência social; (Redação dada pela Emenda Constitucional nº 103, de 2019)
>
> VII - caráter democrático e descentralizado

> da administração, mediante gestão quadripartite, com participação dos trabalhadores, dos empregadores, dos aposentados e do Governo nos órgãos colegiados. (Redação dada pela Emenda Constitucional nº 20, de 1998)

Entende-se por Seguridade Social um sistema de proteção que abarca a Previdência Social, a Saúde e a Assistência Social, com a finalidade precípua de amparar os trabalhadores e/ou seus dependentes diante das contingências sociais que reduzam ou eliminem a sua capacidade de auto-sustento.

A preocupação social de cuidar das pessoas carentes foi um dos fundamentos para a criação da seguridade social, de acordo com Augusto Massayki Tsutiya:

> "O primeiro sistema de proteção conhecido foi o assistencialismo, que já existia na Antiguidade. Desde o Código de Hamurabi (Babilônia), do Código de Manu (Índia) e da Lei das Doze Tábuas passando pela era contemporânea, por meio das famosas Poor Laws, inspiradas nas reflexões de Thomas More, na Inglaterra, em 1601. No Brasil, tal sistema foi implantado com a assistência médica, prestada pelas Santas Casas de Misericórdia, sendo pioneira a de Santos. Como o próprio nome sugere, tal proteção dependia de caridade. Não se exigia contribuição do beneficiado. O segundo sistema de proteção social conhecido foi o mutualismo. (TSUTIYA, 2013, p. 5-96).
> TSUTIYA, Augusto Massayuki. Curso de Direito da Seguridade Social. 4. ed. São Paulo: Saraiva, 2013

Ressalte-se que a seguridade social é um dos direitos básicos previstos na Declaração Universal dos Direitos do Homem:

> Art.22. Toda pessoa, como membro da sociedade, tem direito à segurança social e à realização, pelo esforço nacional, pela cooperação internacional de acordo com a organização de cada Estado, dos direitos econômicos sociais e culturais indispensáveis à sua dignidade e ao livre desenvolvimento da sua personalidade.

Seguridade Social e Previdência Social não são sinônimos, a Previdência Social é uma das vertentes da Seguridade Social e está prevista no art. 201 da CF/88, que assim dispõe:

> Art. 201. A previdência social será organizada sob a forma do Regime Geral de Previdência Social, de caráter contributivo e de filiação obrigatória, observados critérios que preservem o equilíbrio financeiro e atuarial, e atenderá, na forma da lei, a: (Redação dada pela Emenda Constitucional nº 103, de 2019)
> I - cobertura dos eventos de incapacidade temporária ou permanente para o trabalho e idade avançada;   (Redação dada pela Emenda Constitucional nº 103, de 2019)
> II - proteção à maternidade, especialmente à gestante;   (Redação dada pela Emenda Constitucional nº 20, de 1998)
> III - proteção ao trabalhador em situação de desemprego involuntário;   (Redação dada pela Emenda Constitucional nº 20, de 1998)
> IV - salário-família e auxílio-reclusão para os dependentes dos segurados de baixa renda; (Redação dada pela Emenda Constitucional nº 20, de 1998)
> V - pensão por morte do segurado, homem ou mulher, ao cônjuge ou companheiro e dependentes, observado o disposto no § 2º.

Realizadas tais considerações passaremos a tratar dos princípios norteadores da Seguridade Social.

4. Princípios Norteadores da Seguridade Social.

Os princípios, de acordo com o professor Miguel Reale (2002, p. 303), são os "enunciados lógicos admitidos como condição ou base de validade das demais asserções que compõem dado campo do saber". REALE, Miguel. Lições Preliminares de Direito. 27. ed. São Paulo: Saraiva, 2002

A CF/88, no parágrafo único do art. 194 elenca os objetivos da seguridade social e conforme assegura Marisa Ferreira dos Santos (2016, p. 40), "tais objetivos se revelam como autênticos princípios setoriais, isto é, aplicáveis apenas à seguridade social: caracterizam-se pela generalidade e veiculam valores que devem ser protegidos". SANTOS, Marisa Ferreira dos. Direito Previdenciário Esquematizado. 6. ed. São Paulo: Saraiva, 2016.

Art. 194. A seguridade social compreende um conjunto integrado de ações de iniciativa dos Poderes Públicos e da sociedade, destinadas a assegurar os direitos relativos à saúde, à previdência e à assistência social.

Parágrafo único. Compete ao Poder Público, nos termos da lei, organizar a seguridade social, com base nos seguintes objetivos:

I - universalidade da cobertura e do atendimento;

II - uniformidade e equivalência dos benefícios e serviços às populações urbanas e rurais;

III - seletividade e distributividade na prestação dos benefícios e serviços;

IV - irredutibilidade do valor dos benefícios;

V - eqüidade na forma de participação no custeio;

VI - diversidade da base de financiamento, identificando-se, em rubricas contábeis específicas para cada área, as receitas e as despesas vinculadas a ações de saúde, previdência e assistência social, preservado o caráter contributivo da previdência social; (Redação dada pela Emenda Constitucional nº 103, de 2019)

VII - caráter democrático e descentralizado da administração, mediante gestão quadripartite, com participação dos trabalhadores, dos empregadores, dos aposentados e do Governo nos órgãos colegiados. (Redação dada pela Emenda Constitucional nº 20, de 1998)

4.1. Universalidade da cobertura e do atendimento

Este princípio implica dizer que todo cidadão deve ter acesso ao sistema de seguridade social, ou seja, "todos os que vivem no território nacional tem direito ao mínimo indispensável à sobrevivência com dignidade, não podendo haver excluídos da proteção social" (SANTOS, 2016, p. 40).

Sobre o tema, colacionamos a recente decisão

EMENTA: PREVIDENCIÁRIO. ATIVIDADE RURAL. TERMO INICIAL DO LABOR. TUTELA ESPECÍFICA. 1. O tempo de serviço rural para fins previdenciários pode ser demonstrado através de início de prova material, desde que complementado por prova testemunhal idônea. 2. A contagem do tempo de serviço rural em regime de economia familiar prestado por menor de 14 anos é devida. Conforme entende o STJ, a legislação, ao vedar o trabalho infantil do menor de 14 anos, teve por escopo a sua proteção, tendo sido estabelecida a proibição em benefício do menor e não em seu prejuízo, aplicando-se o princípio da universalidade da cobertura da Seguridade Social. Precedentes jurisprudenciais. 3. Determina-se o cumprimento imediato do acórdão naquilo que se refere à obrigação de averbar os períodos reconhecidos, por se tratar de decisão de eficácia mandamental que deverá ser efetivada mediante as atividades de cumprimento da sentença stricto sensu previstas no art. 497 do CPC/15, sem a necessidade de um processo executivo autônomo (sine intervallo). (TRF4 5014808-19.2018.4.04.9999, SEXTA TURMA, Relator JOÃO BATISTA PINTO SILVEIRA, juntado aos autos em

4.2. Uniformidade e equivalência dos benefícios e serviços às populações urbanas e rurais

Escrevendo sobre este assunto, Miguel Horvath Júnior (2014, p. 103) ensina que "a Constituição vedou o tratamento desigual para a população urbana e rural, corrigindo distorção histórica", tendo em vista que os direitos previdenciários somente foram assegurados aos trabalhadores rurais em 1963, quando foi criado o Fundo de Assistência ao Trabalhador Rural (FUNRURAL).

O respeitado autor esclarece que a "uniformidade" diz respeito ao mesmo nível de proteção para as populações urbanas e rurais, enquanto que, por "equivalência" deve-se entender a vedação existente no tocante ao estabelecimento de critérios diversificados para o cálculo dos benefícios previdenciários (HORVATH JÚNIOR, 2014, p. 103). HORVATH JÚNIOR, Miguel. **Direito Previdenciário**. 10. ed. São Paulo: Quartier Latien, 2014.

4.3 Seletividade e distributividade na prestação dos benefícios e serviços

Tal princípio aponta para a necessidade de prestar os atendimentos de acordo com as necessidades de cada cidadão. Pressupõe que os benefícios serão concedidos a quem efetivamente deles necessite.

4.4 Irredutibilidade do valor dos benefícios

O princípio da irredutibilidade do valor dos benefícios visa a manutenção do valor econômico dos mesmos e possui previsão constitucional no art. 201, §2 e § 4:

> Art. 201-A previdência social será organizada sob a forma do Regime Geral de Previdência Social, de caráter contributivo e de filiação obrigatória, observados critérios que preservem o equilíbrio financeiro e atuarial, e atenderá, na forma da lei, a: (Redação dada pela Emenda Constitucional nº 103, de 2019)
> I - cobertura dos eventos de doença, invalidez, morte e idade avançada; (Redação dada pela Emenda Constitucional nº 20, de 1998)
> II - proteção à maternidade, especialmente à gestante; (Redação dada pela Emenda Constitucional nº 20, de 1998)
> III - proteção ao trabalhador em situação de desemprego involuntário; (Redação dada pela Emenda Constitucional nº 20, de 1998)
> IV - salário-família e auxílio-reclusão para os dependentes dos segurados de baixa renda; (Redação dada pela Emenda Constitucional nº 20, de 1998)
> V - pensão por morte do segurado, homem ou

> mulher, ao cônjuge ou companheiro e depen-
> dentes, observado o disposto no § 2º. (Redação
> dada pela Emenda Constitucional nº 20, de
> 1998)
> (...)
>
> § 2º Nenhum benefício que substitua o salário
> de contribuição ou o rendimento do trabalho
> do segurado terá valor mensal inferior ao salá-
> rio mínimo. (Redação dada pela Emenda Cons-
> titucional nº 20, de 1998)
>
> § 4º É assegurado o reajustamento dos bene-
> fícios para preservar-lhes, em caráter perma-
> nente, o valor real, conforme critérios defini-
> dos em lei. (Redação dada pela Emenda Consti-
> tucional nº 20, de 1998)

O §2 dispõe que nenhum benefício concedido pela Seguridade Social, que substitua a remuneração do trabalhador poderá ser reduzido ou concedido em valor inferior ao salário
mínimo e o § 4 assegura a manutenção do real poder de compra
tutelando os benefícios concedidos pela seguridade social contra os efeitos da inflação.

Seguindo o ditame constitucional, o art. 41-A, da Lei
8.213/91(Lei de Benefícios da Previdência Social) define que,
após concedidos, os benefícios deverão ser reajustados, anualmente, na mesma data do reajuste do salário mínimo, com base
no Índice Nacional de Preços ao Consumidor - INPC, apurado
pela Fundação Instituto Brasileiro de Geografia e Estatística -
IBGE.

4.5 Equidade na forma de participação no custeio- equidade na forma de participação no custeio

Com referido princípio se almeja garantir proteção social aos hipossuficientes, exigindo-se destes uma contribuição equivalente ao seu poder aquisitivo. Por outro lado, a contribuição empresarial "tende a ter maior importância em termos de valores e percentuais na receita da seguridade social, por ter a classe empregadora maior capacidade contributiva" (LAZZARI; KRAVCHYCHYN; CASTRO, 2018, p. 23). LAZZARI, João Batista; KRAVCHYCHYN, Jefferson Luis; KRAVCHYCHYN, Gisele Lemos; CASTRO, Carlos Alberto Pereira de. **Prática Processual Previdenciária: Administrativa e Judicial**. 10. ed. Rio de Janeiro: Forense, 2018.

4.6 Diversidade da base de financiamento

Por este princípio entende-se que a seguridade social deve ser financiada por meio de variadas fontes e não por uma fonte única. Sendo assim, a Constituição Federal de 1988 prevê diferentes bases de sustentação para este sistema no seu art. 195, caput e incisos:

> Art. 195. A seguridade social será financiada por toda a sociedade, de forma direta e indireta, nos termos da lei, mediante recursos provenientes dos orçamentos da União, dos Estados, do Distrito Federal e dos Municípios, e das seguintes contribuições sociais:
>
> I - do empregador, da empresa e da entidade a ela equiparada na forma da lei, incidentes sobre: (Redação dada pela Emenda Constitucional nº 20, de 1998)
>
> a) a folha de salários e demais rendimentos do trabalho pagos ou creditados, a qualquer título, à pessoa física que lhe preste serviço, mesmo sem vínculo empregatício; (Incluído pela Emenda Constitucional nº 20, de 1998)
>
> b) a receita ou o faturamento; (Incluído pela Emenda Constitucional nº 20, de 1998)
>
> c) o lucro; (Incluído pela Emenda Constitucional nº 20, de 1998)
>
> II - do trabalhador e dos demais segurados da previdência social, não incidindo contribuição sobre aposentadoria e pensão concedidas pelo regime geral de previdência social de que trata o art. 201; (Redação dada pela Emenda Constitucional nº 20, de 1998)
>
> III - sobre a receita de concursos de prognósticos.
>
> IV - do importador de bens ou serviços do exterior, ou de quem a lei a ele equiparar. (Incluído pela Emenda Constitucional nº 42, de

19.12.2003)

§ 1º - As receitas dos Estados, do Distrito Federal e dos Municípios destinadas à seguridade social constarão dos respectivos orçamentos, não integrando o orçamento da União.

§ 2º - A proposta de orçamento da seguridade social será elaborada de forma integrada pelos órgãos responsáveis pela saúde, previdência social e assistência social, tendo em vista as metas e prioridades estabelecidas na lei de diretrizes orçamentárias, assegurada a cada área a gestão de seus recursos.

§ 3º - A pessoa jurídica em débito com o sistema da seguridade social, como estabelecido em lei, não poderá contratar com o Poder Público nem dele receber benefícios ou incentivos fiscais ou creditícios.

§ 4º - A lei poderá instituir outras fontes destinadas a garantir a manutenção ou expansão da seguridade social, obedecido o disposto no art. 154, I.

§ 5º - Nenhum benefício ou serviço da seguridade social poderá ser criado, majorado ou estendido sem a correspondente fonte de custeio total.

§ 6º - As contribuições sociais de que trata este artigo só poderão ser exigidas após decorridos noventa dias da data da publicação da lei que as houver instituído ou modificado, não se lhes aplicando o disposto no art. 150, III, "b".

§ 7º - São isentas de contribuição para a seguridade social as entidades beneficentes de assistência social que atendam às exigências estabelecidas em lei.

§ 8º O produtor, o parceiro, o meeiro e o arrendatário rurais e o pescador artesanal, bem como os respectivos cônjuges, que exerçam suas atividades em regime de economia familiar, sem empregados permanentes, contribuirão para a seguridade social mediante a aplicação de uma alíquota sobre o resultado da comercialização da produção e farão jus aos benefícios nos termos da lei. (Redação dada pela Emenda Constitucional nº 20, de 1998)

§ 9º As contribuições sociais previstas no inciso I do caput deste artigo poderão ter alíquotas diferenciadas em razão da atividade econômica, da utilização intensiva de mão de obra, do porte da empresa ou da condição estrutural do mercado de trabalho, sendo também autorizada a adoção de bases de cálculo diferenciadas apenas no caso das alíneas "b" e "c" do inciso I do caput. (Redação dada pela Emenda Constitucional nº 103, de 2019)

§ 10. A lei definirá os critérios de transferência de recursos para o sistema único de saúde e ações de assistência social da União para os Estados, o Distrito Federal e os Municípios, e dos Estados para os Municípios, observada a respectiva contrapartida de recursos. (Incluído pela Emenda Constitucional nº 20, de 1998)

§ 11. São vedados a moratória e o parcelamento em prazo superior a 60 (sessenta) meses e, na forma de lei complementar, a remissão e a anistia das contribuições sociais de que tratam a alínea "a" do inciso I e o inciso II do caput. (Redação dada pela Emenda Constitucional nº 103, de 2019)

§ 12. A lei definirá os setores de atividade econômica para os quais as contribuições incidentes na forma dos incisos I, b; e IV do caput, serão não-cumulativas. (Incluído pela Emenda Constitucional nº 42, de 19.12.2003)

§ 13. (Revogado). (Revogado pela Emenda Constitucional nº 103, de 2019)

§ 14. O segurado somente terá reconhecida como tempo de contribuição ao Regime Geral de Previdência Social a competência cuja contribuição seja igual ou superior à contribuição mínima mensal exigida para sua categoria, assegurado o agrupamento de contribuições. (Incluído pela Emenda Constitucional nº 103, de

2019)

Para o Prof. Miguel Horvath Jr, "todas estas diferentes fontes de financiamento da Seguridade Social visam lhe assegurar segurança e estabilidade, entretanto, caso revelarem-se insuficientes, haverá a possibilidade de se utilizar o mecanismo de emergência previsto no art. 195, parágrafo quarto, da CF/88, segundo o qual "lei poderá instituir outras fontes destinadas a garantir a manutenção ou expansão da seguridade social, obedecido o disposto no art. 154, I[2]". (HORVATH JÚNIOR, 2014, p. 112). HORVATH JÚNIOR, Miguel. **Direito Previdenciário**. 10. ed. São Paulo: Quartier Latien, 2014.

4.7 Caráter democrático e descentralizado da administração, mediante gestão quadripartite, com participação dos trabalhadores, dos empregadores, dos aposentados e do Governo nos órgãos colegiados

4.7.1 Caráter democrático: significa dizer que, na gestão da seguridade social deve ocorrer a efetiva participação dos trabalhadores, empregadores, aposentados e Governo, sempre de maneira equivalente, de modo que a composição dos órgãos gestores se dará de forma igual entre todos os membros. Logo, "qualquer dispositivo que disponha sobre a forma de composição dos órgãos colegiados de modo a conferir uma maior participação dos membros do Governo está afrontando o caráter democrático da gestão" (HORVATH JÚNIOR, 2014, p. 114).

4.7.2 Caráter descentralizado: Descentralização, segundo Marcelo Alexandrino e Vicente Paulo (2014. p. 23), ocorre quando o Estado desempenha algumas de suas atribuições por meio de outras pessoas, e não pela sua administração direta. Sendo assim, uma vez que a Seguridade Social tem por finalidade atender os indivíduos em suas necessidades básicas relacionadas à previdência social, saúde e assistência social, esta deve possuir uma gestão descentralizada para evitar que o atendimento às pessoas fique sobrestado na burocracia da Administração Pública (HORVATH JÚNIOR, 2014, p. 115). Como resultado da descentralização, criou-se, no caso da Previdência Social, o Instituto Nacional do Seguro Social (INSS), uma autarquia federal encarregada da execução da legislação previdenciária (SANTOS, 2016, p. 44). ALEXANDRINO, Marcelo; PAULO, Vicente. Direito Administrativo Descomplicado. 22. ed. São Paulo: Método, 2014.

4.7.3 Gestão Quatripartite: é quatripartite a gestão da seguridade social, pois conta obrigatoriamente com a participação, nos órgãos colegiados, de representantes: (i) dos trabalhadores; (ii) dos empregadores; (iii) dos aposentados; e (iv) do Poder Público.

5. CONSIDERAÇÕES SOBRE A REFORMA DA PREVIDÊNCIA SOCIAL E ALGUMAS DAS MODIFICAÇÕES POR ELA TRAZIDAS

O Estado do Paraná não aguardou a Reforma da Previdência proposta pelo Governo Federal e antecipadamente modificou sua Constituição, impondo novas regras para a concessão do benefício. A PEC nº 16 de 2019 previu a alteração dos artigos 35 e 129 da Constituição Estadual, requisitando novas regras para os ingressantes no serviço público após 05/12/2019.

Como ilustrado anteriormente, os motivos são claros. Uma das modificações que mais chamaram atenção foi o requisito de idade, para homens 65 anos e mulheres 62, não existindo mais a possibilidade de escolha entre aposentadoria por idade, ou aposentadoria por idade somada ao tempo de contribuição.

5.1 Das mudanças no cálculo

Homens necessitam de 65 anos de idade, 25 anos de contribuição, 10 anos de efetivo exercício no serviço público e 5 anos no cargo que se quer aposentar. O que difere para as mulheres é a idade, devem ter 62 anos completos.

O §9º do art. 35 da Constituição estadual do Paraná trouxe um benefício que merece destaque aos professores (de educação infantil, fundamental e ensino médio), a possibilidade de redução de cinco anos no quesito "idade mínima", se comprovarem efetivo exercício do magistério.

Antes, a forma de cálculo do benefício era simples, o Servidor recebia a mesma quantia de proventos da época em que trabalhava. Agora, a Federação, em sua Reforma da Previdência, implantou uma nova fórmula de cálculo para a anuência do benefício de aposentadoria, esta, adotada pela Reforma da Previdência Paranaense.

Forma de cálculo: Será feita uma média. O beneficiário irá receber 60% da média salarial desde a competência de julho de 1994 ou início do tempo de contribuição (se posterior a 1994), mais 2% ao ano excede 20 anos de contribuição. Ou seja, se você se aposentou com 25 anos de contribuição, irá receber 70% da mediana.

Também, em seu bojo, o art. 129, inciso IV, alíneas a e b da Constituição do Estado do Paraná traz a seguinte redação, delimitando a quem cabe esta contribuição coletiva:

Art. 129. Compete ao Estado instituir:

> IV - Contribuição social, cobrada de seus servidores ativos, aposentados e pensionistas, para custeio do regime próprio de previdência social, que poderão ter alíquotas progressivas de acordo com o valor da base de contribuição ou do benefício recebido. (Redação dada pela

Emenda Constitucional 45 de 04/12/2019)

a) A contribuição ordinária dos aposentados e pensionistas do regime próprio de previdência social do Estado poderá incidir sobre o valor dos proventos de aposentadoria e de pensões que superem três salários mínimos nacionais quando houver déficit atuarial no Regime Próprio de Previdência Social. (Incluído pela Emenda Constitucional 45 de 04/12/2019)

b) A contribuição prevista no inciso IV, não incidirá sobre as parcelas de proventos de aposentadoria e de pensão, já concedidas, quando o beneficiário for portador de moléstia profissional, tuberculose ativa, alienação mental, esclerose múltipla, neoplasia maligna, cegueira, hanseníase, paralisia irreversível e incapacitante, cardiopatia grave, doença de Parkinson, espondiloartrose, anquilosante, nefropatia grave, hepatopatia grave, estados avançados da doença de Paget (osteíte deformante), contaminação por radiação, síndrome da imunodeficiência adquirida, com base em conclusão da medicina especializada, mesmo que a doença tenha sido contraída depois da aposentadoria, ressalvada a realização de recadastramento pelo Paraná Previdência. (Incluído pela Emenda Constitucional 45 de 04/12/2019)

5.2 Aposentadoria por idade + tempo de contribuição

Momento passado, com a possibilidade de escolha de aposentadoria por idade, o Agente Público precisava atingir o mínimo (65 anos para homens e 60 anos para mulheres), somados a 10 anos de efetivo exercício público e 5 anos no cargo em que almejava aposentar.

Já os requisitos da aposentadoria por idade + tempo de contribuição eram os elencados abaixo:

Homens precisavam ter 60 anos, 35 anos de contribuição, 10 anos de efetivo exercício no serviço público e 5 anos no cargo que almeja se aposentar.

Mulheres precisavam ter 55 anos, 30 anos de contribuição, 10 anos de efetivo exercício no serviço público e 5 anos no cargo que almeja se aposentar.

Destaca-se o direito adquirido. Se o futuro beneficiário completou os requisitos de alguma dessas formas de aposentadoria (por idade ou por idade somada ao tempo de contribuição), antes da reforma, quando se aposentar, irá receber o valor integral do salário do cargo em que ocupava.

5.3 Regras de transição

As regras de transição são duas, criadas para quem estava trabalhando antes da vigência da reforma, devendo ser optada uma delas:

1ª Regra: Aumento progressivo dos pontos.

Homens precisam ter 61 anos de idade até 31/12/2021 e 62 anos de idade a partir de 01/01/2022;

35 anos de contribuição, e destes anos, 20 necessitam ser efetivo exercício no serviço público e 5 anos no cargo em que se quer a aposentadoria.

96 pontos +1 ponto por ano, a partir de 2020, até atingir

105 em 2028.

Mulheres precisam ter 56 anos de idade até 31/12/2021 e 57 anos de idade a partir de 01/01/2022;

30 anos de contribuição, e destes anos, 20 necessitam ser efetivo exercício no serviço público e 5 anos no cargo em que se quer a aposentadoria.

86 pontos +1 ponto por ano, a partir de 2020, até atingir 100 pontos em 2033.

Ainda, os professores contam com a redução de 5 anos no tempo de idade, no tempo de contribuição, e 5 pontos no requisito de pontos.

Existem duas possibilidades de remuneração:

Homens e mulheres, com 65 anos e 62 anos respectivamente, ingressantes no serviço público até 31/12/2003, terão direito a 100% do salário recebido no último cargo ocupado;

Ingressantes após 31/12/2003 terão o benefício calculado conforme as novas regras.

2ª Regra: Pedágio de 100%

Funciona da seguinte maneira: Se para você falta 3 anos para atingir 35 anos de contribuição na data da chegada da Reforma da Previdência, terá de cumprir esses 3 anos + 3 anos de pedágio de 100%, totalizando 6 anos.

Homens precisam ter 60 anos de idade, 35 anos de contribuição, 20 anos de efetivo exercício no serviço público e 5 anos no cargo em que se quer a aposentadoria.

*Cumprir o período adicional correspondente ao tempo

que faltaria para atingir 35 anos de tempo de contribuição na data de entrada em vigor da Reforma do Paraná (05/12/2019).

Mulheres precisam ter 57 anos de idade, 30 anos de contribuição, 20 anos de efetivo exercício no serviço público e 5 anos no cargo em que se quer a aposentadoria.

Nesta opção, os professores também contam com o benefício de redução de idade e tempo de contribuição (5 anos).

Ingressantes no serviço público até 31/12/2003 terão 100% do benefício correspondente ao cargo que ocupava;

Ingressantes no serviço público após 31/12/2003 terá o benefício de 100% da média dos seus salários (sem redutores).

6. QUAIS PRINCÍPIOS ESTÃO SENDO VIOLADOS COM A REFORMA DA PREVIDÊNCIA?

Antes de falarmos sobre as violações que a Reforma da Previdência ocasionou, cabe analisar sobre o que trata o Princípio da Vedação ao Retrocesso Social e o Princípio da Contrapartida.

A Constituição federal, em seu bojo, não trouxe expressamente o Princípio da Vedação ao Retrocesso social, porém, o seu §2º do art. 5º, traz a seguinte redação:

> Os direitos e garantias expressos nesta Constituição não excluem outros decorrentes do regime e dos princípios por ela adotados, ou dos tratados internacionais em que a República Federativa do Brasil seja parte. (CF/88).

Ou seja, nossa Carta Magna abrange uma diversidade de princípios, apesar da não expressividade, as fontes se desdobram e com elas trazem diversas garantias aos cidadãos.

A Vedação ao Retrocesso Social tem como objetivo a impossibilidade de redução, supressão ou diminuição de um direito concreto, estes, somente podem ser mantidos ou ampliados, conferindo estabilidade aos direitos sociais.

> "A função de defesa dos cidadãos sobre uma dupla perspectiva: (1) constituem, num plano jurídico subjectivo, normas de competência negativa para os poderes públicos, proibindo fundamentalmente as ingerências destes na esfera jurídica individual; (2) implicam, num plano jurídico-subjectivo, o poder de exercer

> positivamente direitos fundamentais (liberdade positiva) e de exigir omissões dos poderes públicos, de forma a evitar agressões lesivas por parte dos mesmos (liberdade negativa).
> Canotilho, J.J. Gomes. Constituição dirigente e vinculação do legislador. Coimbra: Coimbra Editora, 1994, p. 541 No mesmo sentido, Barile, Paolo. Diritii dell'uommo e libertà fondamentalli. Bolonha: Il molinho, 1984. p.13.

O Princípio da Proibição ao Retrocesso Social, também conhecido como efeito "Cliquet", termo Francês que remete a segurança, é assimilado ao equipamento utilizado por alpinistas, que impede a quebra do material de fixação em suas escaladas.

O Professor José Joaquim Gomes Canotilho explica que os Diretos Humanos não devem retroagir, somente avançarem na proteção dos indivíduos. Ou seja, as conquistas históricas precisam ser preservadas, e todos os atos que procurem burlar ou compensarem Garantias Constitucionais, estão em desacordo com o Regime legal.

Colocando em prática, o Princípio da Vedação ao Retrocesso Social, significa que não se pode suceder, tendo que sempre continuar de onde "parou", limitando a atuação do legislador.

Utilizado em vários ramos do Direito, seu objetivo-finalístico não diverge garantido ao cidadão o não declínio de conquistas.

Tribunal regional do Trabalho da 5ª Região TRT – 5 – Recurso Ordinário:
RecOrd 0001111-91.2013.5.05.0133 BA 0001111-91.2013.5.05.0133
NEGÍCIAÇÃO COLETIVA. PRINCÍPIO DO NÃO –

> RETROCESSO SOCIAL – Não obstante a regra do art. 7º, inciso XXVI, da Constituição Federal de 1988 que reconhece as convenções e acordos coletivos de trabalho, tem-se entendido que as cláusulas previstas nas negociações coletivas de trabalho não são absolutas, devendo respeitas as disposições convencionais e legais mínimas de proteção ao trabalho. Não se trata de desconsiderar a livre manifestação da vontade das partes, que celebraram a norma coletiva, mas impor limites à autonomia da vontade, uma vez que se coloca em risco a saúde daquele que supõe estar beneficiado pelas disposições das normas coletivas. Trata-se do Princípio do Não retrocesso Social.

O Princípio da Contrapartida, instituto da Seguridade Social, também conhecido como Princípio da Preexistência de Custeio em Relação ao Benefício ou Serviço, é responsável pelo equilíbrio entre receitas e despesas dentro do Sistema previdenciário.

> Art. 195. A seguridade social será financiada por toda a sociedade, de forma direta e indireta, nos termos da lei, mediante recursos provenientes dos orçamentos da União, dos Estados, do Distrito Federal e dos Municípios, e das seguintes contribuições sociais: (Vide Emenda Constitucional nº 20, de 1998)
> § 5º Nenhum benefício ou serviço da seguridade social poderá ser criado, majorado ou estendido sem a correspondente fonte de custeio total.

Ou seja, benefícios não podem ser criados, majorados ou estendidos sem que haja uma fonte capaz de amparar totalmente os gastos que serão ocasionados.

> A observância deste princípio é de fundamental importância para que a Previdência Social pública se mantenha em condições de conceder as prestações previstas, sob pena de, em curto espaço de tempo, estarem os segurados definitivamente sujeitos à privatização de tal atividade, em face da incapacidade do Poder público em gerar mais receita para cobertura de déficits.
> Manual de Direito previdenciário / Carlos Alberto Pereira de Castro, João Batista Lazzari. – 6. Ed. 2005, p.93.

Na reforma, o sistema previdenciário paranaense adotou regras mais rígidas que as anteriores para a concessão de benefício. Embora houvesse necessidade de mudanças, e que ele se tornasse sustentável, existem garantias que em tese não permitem retrocessos. Apesar do antigo modelo previdenciário não ser mais viável, não deveria haver maior exigência pecuniária dos contribuintes (aumento de alíquotas) e alteração de regras (idade) que dificultem o alcance de um direito.

O Princípio da Vedação ao retrocesso Social visa impedir que o Legislador atue desta maneira, apesar de nem sempre respeitado, em casos como o ilustrado acima (Previdência Social), ele não permitiria que o contribuinte fosse prejudicado, mas seria um dos motivos da busca de outros modos capazes de resolver este impasse.

Já o Princípio da Contrapartida garante que deve haver uma fonte de custeio, e esta deve ser capaz de arcar com os gastos previstos. Dois princípios que no caso elencado (reforma previdenciária) podem acabar em conflito. Um garantindo o não retrocesso, e o outro que visa manter o sistema equilibrado. Porém não há necessidade de arguir discussões sobre isso, pois ambos atuam em campos distintos, e o Princípio da Contrapartida serve para assegurar que o sistema se mantenha, não significa que o contribuinte deva ser responsável por cobrir qualquer tipo de déficit. Ele objetiva a sustentabilidade do sistema.

7. CONSIDERAÇÕES FINAIS

Após as alterações na Constituição Estadual do Paraná, responsáveis pela modificação das regras para a concessão do benefício de aposentadoria aos agentes públicos, bem como, os princípios que regem o Direito Previdenciário, nota-se que houve retrocesso com a Reforma da Previdência. Regras das quais trazem maior dificuldade para cumprir requisitos, menor retorno financeiro em virtude da média que é feita e aumento nas alíquotas contributivas.

Apesar da necessidade de sustentabilidade do sistema, as medidas tomadas para isso divergem de princípio do ordenamento pátrio, ocasionando insegurança jurídica. Aqueles que ainda têm considerável período para contribuírem com a previdência, embora recentemente tenha-se feito uma reforma, não possuem garantias, sem saber por quanto tempo vão perdurar essas regras e se haverão novas modificações no sistema. Independentemente de nova alteração, o caráter contributivo permanece.

CAPÍTULO 8.

A IMPLEMENTAÇÃO DA PRESCRIÇÃO INTERCORRENTE NA JUSTIÇA DO TRABALHO.

Tiago Vinicius Sanches

1. Introdução.

A reforma trabalhista isentou o poder judiciário de impulsionar, de ofício, os processos em fase de execução. Com isso, abriu precedente para aplicabilidade da prescrição intercorrente. Saliente-se que a própria reforma previu tal aplicação com a redação do art. 11- A da CLT. Tal inovação busca findar situações de processos que nunca eram finalizados, gerando efeito eterno para as sentenças proferidas por juízes trabalhistas.

Deste modo, com a entrada em vigor da lei 13.467/2017, em novembro de 2017, as execuções frustradas poderão, havendo inércia por parte do Reclamante, ser declaradas prescritas, tal como já ocorre no âmbito do direito civil.

É cediço que o instituto em estudo pode ferir o princípio

da hipossuficiência do trabalhador, um dos princípios fundamentais na Justiça do Trabalho. Portanto, tal inovação deve ser objeto de muita discussão, para, no mais breve tempo possível, assentar-se a jurisprudência acerca do assunto.

Com o intuito de elucidar como se determina a prescrição intercorrente e em quais casos pode ser aplicada no âmbito do Direito do Trabalho, desenvolveu-se o presente trabalho, com estudos da posição doutrinaria, bem como do direcionamento dado pelos estudiosos da área. Para tanto, fez-se necessário conhecer os diferentes entendimentos sobre o tema proposto (prescrição intercorrente) e buscar compreender em quais casos existe possibilidade de aplicação ou não do instituto em estudo.

Destarte, o objetivo do presente trabalho é trazer ao leitor a compreensão sobre quando pode ser aplicada a prescrição intercorrente, qual a posição doutrinária atual da aplicação deste instituto no Direito do Trabalho, bem como em quais casos é possível sua aplicação.

O texto a seguir é resultado de pesquisas documentais indiretas, com aplicação de método dedutivo. Importante frisar que devido ao pouco tempo da entrada em vigor da lei 13.467/2017, não há grande número de livros e artigos disponíveis para pesquisa, portanto, a teoria também foi retirada de outras áreas do Direito, em especial o Processo Civil, limitando-se ao ano de 2015, quando passou a vigorar o Novo Código de Processo Civil, o qual é aplicado de maneira subsidiária a CLT.

2. Entendimento doutrinário sobre a prescrição

Antes de iniciar o estudo da prescrição intercorrente, é necessário esclarecer o que é a prescrição propriamente dita. Pois bem, trata-se a prescrição de uma causa extintiva da pretensão pelo seu não exercício no prazo estipulado por lei, conforme previsto no artigo 189 do Código Civil. Vejamos: "art. 189. Violado o direito, nasce para o titular a pretensão, a qual se extingue, pela prescrição, nos prazos a que aludem os arts. 205 e 206" (Brasil, 2002). Grifamos.

Prescrição, nas palavras de Leal (p. 26, 1959), citado por Jorge Neto e Cavalcante (p. 261, 2012) "é a extinção de uma ação ajuizável em virtude da inércia de seu titular durante um lapso de tempo, na ausência de causa preclusivas de seu curso".

Para Rodrigues (p. 321, 1995), citado por Jorge Neto e Cavalcante (p.261, 2014),

> "o fundamento da prescrição repousa no anseio da sociedade em não permitir que demandas fiquem indefinidamente em aberto; no interesse social em estabelecer um clima de segurança e harmonia, pondo termo a situações litigiosas e evitando que, passados anos e anos, venham a ser propostas ações, reclamando direitos cuja prova de constituição se perdeu no tempo."

Esse instituto é aplicado às ações condenatórias, que são as ações relacionadas com direitos subjetivos. Em outras palavras, são aquelas em que o direito de um determinado agente foi violado, gerando a obrigação da parte contrária, podendo condenar um réu a uma determinada prestação.

Nos ensinamentos de Tartuce (2015), que ações condenatórias são as:

> "ações relacionadas com direitos subjetivos, próprio das pretensões pessoais. Desse modo, a prescrição mantém relação com deveres, obrigações e com a responsabilidade decorrente da inobservância das regras ditadas pelas partes ou pela ordem jurídica".

Assim sendo, a prescrição só será aplicada quando tratarmos de ações que exijam o cumprimento de uma prestação, quando esta não for realizada tempestivamente.

Cumpre observar que a prescrição extingue o direito de peticionar, entretanto, o direito material não cumprido pela parte contrária continuará existindo no plano jurídico. Ou seja, ainda que um credor não acione um devedor, e prescreva o seu direito de ação, ele continuará sendo credor, podendo receber a prestação devida a qualquer tempo, sem que isso seja ilícito. Neste sentido, já dentro de uma doutrina trabalhista, leciona Pereira (2018):

> Tradicional ideário da prescrição é o de que o direito não socorre quem dorme.
> Assim, vale ressaltar que a prescrição atinge a pretensão e, reflexamente, o direito de ação.
> Em contrapartida, o direito material permanece incólume.

Na esfera trabalhista, a prescrição encontra previsão constitucional e infraconstitucional. Na Constituição Federal, no art. 7º, inciso XXIX:

> Art. 7º São direitos dos trabalhadores urbanos e rurais, além de outros que visem à melhoria de sua condição social:
>
> (...)
>
> XXIX – ação, quanto aos créditos resultantes das relações de trabalho, com prazo prescricional de cinco anos para os trabalhadores urbanos e rurais, até o limite de dois anos após a extinção do contrato de trabalho;
>
> (...)". (Brasil, 1988)

E na Consolidação de Leis Trabalhistas – CLT, nos arts. 11 e 11-A. Vejamos:

> Art. 11. A pretensão quanto a créditos resultantes das relações de trabalho prescreve em cinco anos para os trabalhadores urbanos e rurais, até o limite de dois anos após a extinção do contrato de trabalho.
>
> I – (revogado);
>
> II – (revogado).
>
> (...)
>
> § 2º Tratando-se de pretensão que envolva pedido de prestações sucessivas decorrente de alteração ou descumprimento do pactuado, a prescrição é total, exceto quando o direito à parcela esteja também assegurado por preceito de lei.
>
> § 3º A interrupção da prescrição somente ocorrerá pelo ajuizamento de reclamação trabalhista, mesmo que em juízo incompetente, ainda que venha a ser extinta sem resolução do mérito, produzindo efeitos apenas em relação aos pedidos idênticos.
>
> Art. 11-A. Ocorre a prescrição intercorrente no processo do trabalho no prazo de dois anos.
>
> § 1º A fluência do prazo prescricional inter-

corrente inicia-se quando o exequente deixa de cumprir determinação judicial no curso da execução.

§ 2º A declaração da prescrição intercorrente pode ser requerida ou declarada de ofício em qualquer grau de jurisdição. Grifamos. (Brasil, 2017).

Em relação aos prazos prescricionais, cabe mencionar que a norma civil dispõe de uma regra geral no art. 205 do CC/2002, e de maneira mais minuciosa, sobre diversos prazos de prescrição extintiva no art. 206 do CC/2002. Vejamos:

Art. 205. A prescrição ocorre em dez anos, quando a lei não lhe haja fixado prazo menor.

Art. 206. Prescreve:

§ 1o Em um ano:

I - a pretensão dos hospedeiros ou fornecedores de víveres destinados a consumo no próprio estabelecimento, para o pagamento da hospedagem ou dos alimentos;

II - a pretensão do segurado contra o segurador, ou a deste contra aquele, contado o prazo:

a) para o segurado, no caso de seguro de responsabilidade civil, da data em que é citado para responder à ação de indenização proposta pelo terceiro prejudicado, ou da data que a este indeniza, com a anuência do segurador;

b) quanto aos demais seguros, da ciência do fato gerador da pretensão;

III - a pretensão dos tabeliães, auxiliares da justiça, serventuários judiciais, árbitros e peritos, pela percepção de emolumentos, custas e honorários;

IV - a pretensão contra os peritos, pela avaliação dos bens que entraram para a formação do capital de sociedade anônima, contado da publicação da ata da assembleia que aprovar o laudo;

V - a pretensão dos credores não pagos contra os sócios ou acionistas e os liquidantes, contado o prazo da publicação da ata de encerramento da liquidação da sociedade.

§ 2o Em dois anos, a pretensão para haver prestações alimentares, a partir da data em que se vencerem.

§ 3o Em três anos:

I - a pretensão relativa a aluguéis de prédios urbanos ou rústicos;

II - a pretensão para receber prestações vencidas de rendas temporárias ou vitalícias;

III - a pretensão para haver juros, dividendos ou quaisquer prestações acessórias, pagáveis, em períodos não maiores de um ano, com capitalização ou sem ela;

IV - a pretensão de ressarcimento de enriquecimento sem causa;

V - a pretensão de reparação civil;

VI - a pretensão de restituição dos lucros ou dividendos recebidos de má-fé, correndo o prazo da data em que foi deliberada a distribuição;

VII - a pretensão contra as pessoas em seguida indicadas por violação da lei ou do estatuto, contado o prazo:

a) para os fundadores, da publicação dos atos constitutivos da sociedade anônima;

b) para os administradores, ou fiscais, da apresentação, aos sócios, do balanço referente ao exercício em que a violação tenha sido praticada, ou da reunião ou assembleia geral que dela deva tomar conhecimento;

c) para os liquidantes, da primeira assembleia semestral posterior à violação;

VIII - a pretensão para haver o pagamento de título de crédito, a contar do vencimento, ressalvadas as disposições de lei especial;

IX - a pretensão do beneficiário contra o segurador, e a do terceiro prejudicado, no caso de seguro de responsabilidade civil obrigatório.

§ 4o Em quatro anos, a pretensão relativa à tu-

> tela, a contar da data da aprovação das contas.
> § 5o Em cinco anos:
> I - a pretensão de cobrança de dívidas líquidas constantes de instrumento público ou particular;
> II - a pretensão dos profissionais liberais em geral, procuradores judiciais, curadores e professores pelos seus honorários, contado o prazo da conclusão dos serviços, da cessação dos respectivos contratos ou mandato;
> III - a pretensão do vencedor para haver do vencido o que despendeu em juízo.

Já no âmbito do processo do trabalho, como já mencionado ao norte, o prazo encontra-se uniformizado, sendo previsto tanto no art. 7º, XXIX da CF/1988 como no art. 11 da CLT. Entretanto, embora uniformes, observam-se duas modalidades de prescrição: a prescrição quinquenal e a prescrição bienal. Para Pereira (p. 538, 2018) temos os seguintes prazos prescricionais:

> I) na vigência do contrato de trabalho (prescrição quinquenal) – ocorrendo a lesão, o empregado tem 5 anos para ajuizar a reclamação trabalhista, contados da lesão (teoria da actio nata).
> II) após a extinção do contrato de trabalho (prescrição bienal) – o empregado tem 2 anos para ajuizar a reclamação trabalhista, contados da extinção.

A prescrição quinquenal trata-se do prazo de cinco anos para pretensões quanto aos créditos propriamente ditos. Já a prescrição bienal refere-se ao prazo de dois anos para que a parte ajuizar a ação após o término do contrato de trabalho.

Sobre o tema, Pereira (p. 539, 2018) aduz, muito didaticamente que:

> Prevalece o entendimento de que, após a extinção do contrato individual de trabalho, o empregado conseguirá a reparação das lesões ocorridas nos 5 anos anteriores ao ajuizamento da reclamatória trabalhista, e não da extinção do contrato.

Deste modo, a título de exemplo, o empregado demitido em 09/09/2018 tem o prazo de dois anos para ajuizar eventual reclamação trabalhista. Ou seja, apresentar tal demanda até 09/09/2020 para que dessa forma não prescreva seu direito de pretensão. Temos aqui a prescrição bienal.

E, contando de maneira regressiva, possui o empregado direito a requerer danos causados nos 5 anos que antecedem a protocolização da reclamação trabalhista. Logo, no exemplo acima, se o empregado deixar para ingressar com a ação trabalhista no último dia possível (09/09/2020), poderá peticionar apenas sobre direitos violados a partir de 09/09/2015.

Trata-se de manifestação da ideia de que o direito não socorre a quem dorme. Esse é o entendimento da Súmula 308, I, do TST, conforme transcrito:

> PRESCRIÇÃO QUINQUENAL (incorporada a Orientação Jurisprudencial n. 204 da SBDI-1) – Res. 129/2005, DJ 20, 22 e 25.04.2005
> I. Respeitado o biênio subsequente à cessação contratual, a prescrição da ação trabalhista concerne às pretensões imediatamente anteriores a cinco anos, contados da data do ajuizamento da reclamação e, não, às anteriores ao quinquênio da data da extinção do contrato (ex-OJ n. 204 da SBDI-1 – inserida em 08.11.2000)
> II. A norma constitucional que ampliou o prazo de prescrição da ação trabalhista para 5 (cinco)

> anos é de aplicação imediata e não atinge pretensões já alcançadas pela prescrição bienal quando da promulgação da CF/1988 (ex-Súmula n. 308 – Res. 6/1992, DJ 05.11.1992).

Superado o entendimento da prescrição, passa-se a analisar a prescrição intercorrente.

Prescrição intercorrente é, nas palavras de Teixeira Filho (p. 2022, 2015) aquela "que se forma após o ajuizamento da ação; portanto, de permeio". Intercorrente é aquilo que sobrevém no curso de algo, ou seja, no caso em tela, aquilo que sobrevém no curso do processo.

Assim, segundo ensinamentos de Jorge Neto e Cavalcante (p. 326, 2012),

> a prescrição intercorrente é a que ocorre no curso do processo ou entre um processo e outro. Com as recentes alterações processuais, as quais acabaram com a separação entre o processo de conhecimento e de execução de título judicial, a prescrição intercorrente também poderá se dar entre as fases do processo (conhecimento e execução).

Com a famigerada Reforma Trabalhista, dada pela Lei 13.467/2017, o legislador previu o prazo de dois anos de inércia da parte para que então possa ser declarada a prescrição intercorrente nos processos que tramitam na Justiça do Trabalho.

O prazo da prescrição intercorrente inicia-se quando o exequente deixa de cumprir determinação judicial no curso da execução. Dessa forma, depois de intimada, caso a parte interessada deixe de cumprir determinação judicial no curso da execução, como por exemplo, indicar novo endereço do executado, os autos serão remetidos ao arquivo provisório, iniciando-se o prazo de dois anos para ser declarada, de ofício ou a pedido, a prescrição intercorrente. Neste sentido, DELGADO (2017, p. 311):

> A fluência do prazo prescricional intercorrente inicia-se quando o exequente deixa de cumprir determinação judicial no curso da execução (texto do § 1º do art. 11-A da CLT). Porém, é claro, não se trata de qualquer determinação ou de qualquer tipo de ato sobre o qual o exequente tenha sido intimado: é necessário que se trate de determinação relativa a ato estritamente pessoal do exequente, sem cuja atuação o fluxo do processo se torna inviável.

Certamente inovou o legislador ao possibilitar a prescrição intercorrente nos processos trabalhistas. Entretanto, o histórico entendimento e proteção ao trabalhador necessitam de especial atenção, visto que a primeira impressão esse instituto pode ser prejudicial àquele que busca no Poder Judiciário resolver seus conflitos trabalhistas.

3. A prescrição intercorrente no direito do trabalho

Restando compreendido que a prescrição é a perda do direito de pretensão, e a prescrição intercorrente se dá em meio ao curso de um processo, passa-se a estudar a sua aplicação no Direito do Trabalho. Saliente-se que a prescrição intercorrente é um instituto jurídico já consolidado em outras esferas do Poder Judiciário, em especial na área cível.

Mesmo antes da entrada em vigor do CPC/2015, ainda sob a égide do Código de Processo Civil de 1973, já havia a possibilidade de aplicação da prescrição intercorrente. Para tanto, o prazo prescricional, na vigência do CPC/1973, conta-se do fim do prazo judicial de suspensão do processo ou, inexistindo prazo fixado, do transcurso de um ano, neste caso, aplicando-se analogicamente o disposto no art. 40, § 2º, da Lei 6.830/80, a qual dispõe sobre a cobrança judicial da Dívida Ativa da Fazenda Pública, e dá outras providências. Vejamos:

> Art. 40 - O Juiz suspenderá o curso da execução, enquanto não for localizado o devedor ou encontrados bens sobre os quais possa recair a penhora, e, nesses casos, não correrá o prazo de prescrição.
>
> § 1º Suspenso o curso da execução, será aberta vista dos autos ao representante judicial da Fazenda Pública.
>
> § 2º Decorrido o prazo máximo de 1 (um) ano, sem que seja localizado o devedor ou encontrados bens penhoráveis, o Juiz ordenará o arquivamento dos autos.
>
> § 3º Encontrados que sejam, a qualquer tempo, o devedor ou os bens, serão desarquivados os autos para prosseguimento da execução.
>
> § 4º Se da decisão que ordenar o arquivamento tiver decorrido o prazo prescricional, o juiz, depois de ouvida a Fazenda Pública, poderá, de ofício, reconhecer a prescrição intercorrente e decretá-la de imediato.
>
> § 5º A manifestação prévia da Fazenda Pública prevista no § 4o deste artigo será dispensada no caso de cobranças judiciais cujo valor seja inferior ao mínimo fixado por ato do Ministro de Estado da Fazenda. (Destacamos).

Insta salientar que a Lei dos Executivos Fiscais (Lei

8.630/80) acima mencionada é aplicada subsidiariamente, naquilo que não contrariar, a Execução do Processo Trabalhista, conforme previsto no art. 889 da CLT. Vejamos o que diz o texto da lei:

> Art. 889 - Aos trâmites e incidentes do processo da execução são aplicáveis, naquilo em que não contravierem ao presente Título, os preceitos que regem o processo dos executivos fiscais para a cobrança judicial da dívida ativa da Fazenda Pública Federal.

Inovando no ordenamento jurídico, o Novo Código de Processo Civil de 2015, pela Lei 13.105, de 16 de março de 2015, trouxe expressamente a previsão da prescrição intercorrente em seu título IV, ao tratar da suspensão e da extinção do processo de execução. In verbis:

> **Art. 921. Suspende-se a execução:**
> I - nas hipóteses dos arts. 313 e 315, no que couber;
> II - no todo ou em parte, quando recebidos com efeito suspensivo os embargos à execução;
> III - quando o executado não possuir bens penhoráveis;
> IV - se a alienação dos bens penhora
> dos não se realizar por falta de licitantes e o exequente, em 15 (quinze) dias, não requerer a adjudicação nem indicar outros bens penhoráveis;
> V - quando concedido o parcelamento de que trata o art. 916.
> § 1º Na hipótese do inciso III, o juiz suspenderá a execução pelo prazo de 1 (um) ano, durante o qual se suspenderá a prescrição.
> § 2º Decorrido o prazo máximo de 1 (um) ano sem que seja localizado o executado ou que

> sejam encontrados bens penhoráveis, o juiz ordenará o arquivamento dos autos.
>
> § 3º Os autos serão desarquivados para prosseguimento da execução se a qualquer tempo forem encontrados bens penhoráveis.
>
> § 4º Decorrido o prazo de que trata o § 1º sem manifestação do exequente, começa a correr o prazo de prescrição intercorrente.
>
> § 5º O juiz, depois de ouvidas as partes, no prazo de 15 (quinze) dias, poderá, de ofício, reconhecer a prescrição de que trata o § 4º e extinguir o processo.
>
> [...]
>
> Art. 924. Extingue-se a execução quando:
>
> I - a petição inicial for indeferida;
>
> II - a obrigação for satisfeita;
>
> III - o executado obtiver, por qualquer outro meio, a extinção total da dívida;
>
> IV - o exequente renunciar ao crédito;
>
> V - **ocorrer a prescrição intercorrente**. (Grifamos)

Logo, por aplicação supletiva e subsidiária do Código de Processo Civil na esfera trabalhista, o que se dá por força do art. 769, da CLT e art. 15 do CPC, mesmo antes da entrada em vigor da famigerada Reforma Trabalhista advinda com a Lei 13.467, que se deu em 11 de novembro de 2017, entende-se que já era possível a aplicação da prescrição intercorrente em processos trabalhistas, haja vista, que, conforme observado acima, tal modalidade de prescrição já era positivada em nosso ordenamento jurídico.

Entretanto, o tema não era assim tão pacífico, havendo divergência doutrinária e até mesmo jurisprudencial acerca do assunto. Tal discussão perdurou durante muitos anos, sendo que alguns doutrinadores e juízes ou desembargadores entendiam ser possível a aplicação dessa espécie de prescrição no Processo do Trabalho, enquanto outros entendiam não ser aplicável.

Sobre a divergência existente acerca do assunto, aduz o ilustre professor Teixeira Filho (2015, p. 2022) que:

> Sustentava-se, de um ponto, que, acarretando a prescrição a perda do direito de ação, não poderia se aceitar que viesse a consumar-se após o ajuizamento desta; a este argumentou se acrescentava o de que, no processo trabalhista, o juiz pode tomar a iniciativa de praticar os atos do procedimento (CLT, art. 765), máxime na execução (CLT, art. 878, caput), não sendo possível pensar-se, aqui, pois, em prescrição intercorrente. De outro, porém, se afirmava que o art. 8º da CLT autoriza a aplicação supletória de normas do direito civil – atendidos os pressupostos de omissão e de compatibilidade –, motivo por que seria perfeitamente possível a adoção do art. 202, parágrafo único do CC, a teor do qual a prescrição recomeça a fluir a contar do ato que a interrompera.

Pronunciando-se sobre o tema, o Supremo Tribunal Federal, em 13/12/1963, entendeu ser cabível esta modalidade de prescrição no processo trabalhista. Tal entendimento se deu por meio da Súmula 327 do Excelso Pretório, a qual afirma que: "O Direito Trabalhista admite a prescrição intercorrente".

Contudo, embora passados muitos anos, o Poder Judiciário não chegou a uma definição sobre o assunto. Em novembro de 2003 o Tribunal Superior do Trabalho, por meio da Súmula 114, manifestou-se pela não aplicabilidade da prescrição intercorrente no Direito do Trabalho. Com tal decisão, o TST visava resguardar o princípio protetor.

Passados seis anos da súmula 114, em maio de 2009, ao apreciar o processo E-RR 693.039/2000.6, a Seção de Dissídios Individuais I (SDI-1), do TST, conforme ensinam Jorge Neto e Cavalcante (2012, p. 326)

> Deliberou no sentido de que a prescrição intercorrente é aplicável ao procedimento trabalhista quando o processo fica paralisado por omissão ou descaso dos próprios exequentes. Deliberou, ainda, que a Súmula 114 somente se interage com as demandas nas quais o andamento do processo depende do juiz.

Apenas com o acima exposto, já é possível verificar uma indefinição sobre a aplicação ou não da prescrição intercorrente no processo trabalhista. Porém, havia ainda uma terceira corrente, que segundo Saad, citado por Jorge Neto e Cavalcante (2012, p. 327), tornava ainda mais discutível a aplicação desta modalidade de prescrição. Nas palavras do autor,

> Além dessas duas posições – as do STF e do TST – existe uma terceira: a que admite a prescrição intercorrente nos processos em que o empregado se faz representar por advogado regularmente constituído; deve ser ela rejeitada quando o empregado comparece em Juízo desacompanhado desse profissional. Em favor desse entendimento há o acórdão proferido pela 5ª Turma do Tribunal Superior do Trabalho, no julgamento do Recurso de Revista nº 153.542/94, publicado no DJU em 16/02/1996, de cuja ementa extraímos o seguinte trecho: ' A prescrição intercorrente é inaplicável na Justiça do Trabalho quando desacompanhado o reclamante de advogado ou, então, naqueles casos em que a paralisação do processo se dá por motivo de desídia do juízo na efetivação de diligência a seu cargo, tendo em vista o art. 765 da CLT, que consagra o princípio do inquisitório, podendo o Juiz, até

> mesmo, instaurar execuções de ofício a teor do art. 878 da CLT". Temos, aí, uma posição conciliadora entre os dois polos: o que aceita a prescrição no curso do processo e aquele que a rejeita. (SAAD, 2000).

Destarte, resta evidente que havia grande confusão em relação a aplicabilidade de tal instituto no processo trabalhista.

Jorge Neto e Cavalcante defendiam a aplicação da prescrição intercorrente no processo trabalhista, pois entendiam já haver previsão para tanto no art. 884, §1º da CLT, antes mesmo da Reforma Trabalhista. Vejamos o que ensina o artigo mencionado:

> Art. 884 - Garantida a execução ou penhorados os bens, terá o executado 5 (cinco) dias para apresentar embargos, cabendo igual prazo ao exequente para impugnação.
> § 1º - A matéria de defesa será restrita às alegações de cumprimento da decisão ou do acordo, quitação ou prescrição da dívida.

Passa-se a analisar o entendimento dos referidos autores acerca do tema em sua rica obra (2012, p. 328)

> A prescrição intercorrente é aplicável ao Processo do Trabalho, em face da expressa previsão legal do art. 884, §1º, da CLT. Em outras palavras, uma matéria a ser alegada nos embargos do executado no Processo do Trabalho é a prescrição da dívida.
> A prescrição da dívida (art. 884, §1º) não se confunde com a prescrição que pode ser alegada em fase de conhecimento (prescrição do direito material), pois, na liquidação

> da sentença, com base no título judicial, não se poderá modificar ou inovar a sentença liquidanda, nem discutir matéria pertinente à causa principal (art. 879, §1º).

Na mesma linha de raciocínio, ou seja, defendendo a aplicabilidade da prescrição intercorrente no processo trabalhista, e discordando da súmula 114 do TST, Teixeira Filho (2005, p.219) ensina que:

> Em primeiro lugar, estamos convencidos de que a possibilidade de ser alegada a prescrição intercorrente no processo do trabalho está insculpida, de forma nítida, no art. 884, §1º, da CLT; com efeito, ao dizer que o devedor poderá, em seus embargos, arguir – dentre outras coisas – a 'prescrição da dívida', a norma legal citada está, a toda evidência, a referir-se à prescrição intercorrente, pois a prescrição ordinária deveria ter sido alegada no processo de conhecimento[...]. Em segundo, porque o sentido generalizante, que o enunciado da Súmula nº 114 do TST traduz, comete a imprudência de desprezar a existência de casos particulares, onde a incidência da prescrição liberatória se torna até mesmo imprescindível.

No mesmo sentido, Martins (2005, p. 953) afirma que a prescrição intercorrente também poderia ser alegada nos embargos, quando o processo já se encontrar na fase de execução. Afirma ainda que a essa modalidade de prescrição não deve ser suscitada na fase de conhecimento, e sim na fase executória, após o transito em julgado da sentença, quando o processo ficar parado por muito tempo.

Note-se que tal dificuldade de definição se dava por, entre outros motivos, a possibilidade de o Magistrado impulsionar a execução ex-officio. Assim fazendo, restaria incompreensível a declaração de prescrição intercorrente por inércia da parte, haja vista que não seria necessária sua manifestação para o regular trâmite do processo.

Ademais, não poderia ser o Reclamante prejudicado pela inércia do Poder Judiciário, afinal, a enorme demanda de processos, aliada a recorrente falta de servidores e Juízes nas Varas do Trabalho, limitam a tramitação dos processos. Saliente-se que tal situação acaba por ferir um dos princípios basilares do Direito do Trabalho, o da celeridade.

Contudo, colocando fim a discussão, o legislador, por meio da Lei 13.467/2017, a famigerada Reforma Trabalhista, inovou trazendo o art.11-A na CLT. Desta forma, passa-se a ser admitida no processo trabalhista, de uma vez por todas, a aplicação da prescrição intercorrente.

Importante ressaltar que, com a entrada em vigência da reforma trabalhista, além da aplicação da modalidade de prescrição em estudo, foi também regulamentado o prazo legal de dois anos para verificação desta, sendo possível o seu requerimento ou ainda, declarada ex officio pelo Juiz.

4. Prescrição Intercorrente após a reforma trabalhista

Como já amplamente mencionado, a Lei 13.467 de 13 de julho de 2017, que entrou em vigência em 11 de novembro de 2017, após os 120 dias de vacatio legis previstos em seu art. 6º, teve por objetivo alterar a Consolidação das Leis do Trabalho (CLT), aprovada pelo Decreto-Lei nº 5.452, de 1º de maio de 1943, e as Leis nº 6.019, de 3 de janeiro de 1974, 8.036, de 11 de maio de 1990, e 8.212, de 24 de julho de 1991, a fim de adequar a legislação às novas relações de trabalho.

Entre as inovações, acrescentou à CLT o art. 11-A, contendo o seguinte texto:

> Art. 11-A. Ocorre a prescrição intercorrente no processo do trabalho no prazo de dois anos.
> § 1º A fluência do prazo prescricional intercorrente inicia-se quando o exequente deixa de cumprir determinação judicial no curso da execução.
> § 2º A declaração da prescrição intercorrente pode ser requerida ou declarada de ofício em qualquer grau de jurisdição.

Nas sábias palavras de Delgado (2017, p. 114),

> O art. 1º da Lei n. 1 3.467, de 1 3 de julho de 2017, introduziu preceito novo (art. 1 1 -A) no Título I da CLT, de maneira a inserir, expressamente, referência à prescrição intercorrente no processo do trabalho.
> [...]
> O novo art. 11-A da CLT, inserido pela Lei n. 1 3.467/201 7, explícita a incidência da prescrição intercorrente no processo do trabalho; porém a restringe, claramente (§ 1º do novo

> art. 11-A da CLT), apenas à fase de execução processual do respectivo título executivo.

Todavia, em que pese alguns autores considerarem válida sua aplicabilidade antes mesmo da supramencionada reforma trabalhista positivar tal possibilidade em nosso ordenamento jurídico, entendimento esse em consonância com o Supremo Tribunal Federal, ainda existem doutrinadores contrários a essa possibilidade.

Tal discordância se dá pelo entendimento a aplicação da prescrição intercorrente pode ferir o princípio protetor, fundamental para o reconhecimento da hipossuficiência do trabalhador.

Por óbvio, considerando o pouco tempo em vigor da reforma trabalhista, não há, ainda, muito material didático sobre o assunto, bem como não se formou jurisprudência acerca da aplicação da modalidade de prescrição em estudo.

Entretanto, nas poucas obras de Processo do Trabalho editadas após a vigência da Lei 13.467/17 até o presente momento, facilmente encontra-se autores avessos à edição do artigo acima mencionado. Neste sentido, temos SILVA (2017, p.19) criticando tal instituto, considerando até mesmo um retrocesso em relação ao Novo Código de Processo Civil, o qual, segundo ele:

> "se influenciou pela noção trabalhista de processo sincrético ou unificado, como ficou conhecida a estratégia de fusão de todas as etapas – cognitiva e executiva, mais as tutelas de urgência e as tutelas mandamentais – numa única relação processual. Vista a questão por este ângulo, a inserção do art. 11-A da CLT representa um movimento contraditório ao avanço do sincretismo nas reformas ocorridas no processo civil, que desaguaram no

> CPC/2015. Talvez o objetivo fosse aumentar o nível de exigência para os credores trabalhistas em relação aos credores civis".

Também contrário a aplicabilidade da prescrição intercorrente no processo trabalhista, temos os ensinamentos de OLIVEIRA, (2018, p.769), o qual ignora o referido artigo. Vejamos:

> "[...] feita a citação, não mais haverá a possibilidade de prescrição intercorrente.
>
> [...] Dispõe a Súmula nº 327 do STF: "O direito trabalhista admite a prescrição intercorrente". Diz a Súmula nº 114 do TST: "É inaplicável na Justiça do Trabalho a prescrição intercorrente". Deve prevalecer a orientação do TST, posto que a súmula da Excelsa Corte está superada".

Contudo, como já dizia o filósofo, dura lex, sed lex, (a lei é dura, mas é a lei, em tradução de latim para o português) e, portanto, a sociedade merece ter uma pacificação acerca dos temas enfrentados pela reforma trabalhista. Nesta seara, os Tribunais vêm se manifestando, para enfim, consolidarem o entendimento e formar a aguardada jurisprudência esperada.

Neste sentido, o Tribunal Regional do Trabalho da 10ª Região (DF e TO) aprovou 32 enunciados para orientar a aplicação da Lei nº 13.467/2017, que instituiu a famigerada reforma trabalhista. Muito embora os textos não possuam efeito vinculante, haja vista representarem apenas o entendimento majoritário dos magistrados daquela corte, merecem uma análise criteriosa.

Os enunciados estão divididos em dez temas principais, dentre os quais cabe um recorte no item XII, o qual, trata da Prescrição ora estudada, e traz em seu bojo dois enunciados. Vejamos:

> Enunciado nº. 31 – PRESCRIÇÃO INTERCOR-
> RENTE. INÍCIO DO PRAZO. INAPLICABILIDADE
> PARA BENEFICIAR A TORPEZA DO DEVEDOR.
> O prazo de prescrição intercorrente previsto
> no § 1.º do art. 11-A da CLT inicia-se quando o
> exequente, injustificadamente, deixa de cum-
> prir determinação judicial no curso da execu-
> ção. A prescrição intercorrente não pode ser
> aplicada para beneficiar a torpeza do devedor
> que oculta seu endereço ou bens.
> Enunciado nº. 32 – PRESCRIÇÃO INTER-
> CORRENTE. INDICAÇÃO DE MEIOS EFETI-
> VOS PARA PROSSEGUIMENTO DA EXECUÇÃO
> PELO CREDOR. INSUCESSO DAS MEDIDAS. Ha-
> vendo manifestação do exequente com indi-
> cação de meios efetivos de prosseguimento da
> execução, o mero insucesso das medidas não
> ensejará o início do prazo de prescrição inter-
> corrente.

Observe-se que tais enunciados buscam claramente manter a proteção merecida pelo trabalhador, afinal, pacificada a ideia de hipossuficiência deste em face ao empregador. Com o enunciado nº 31 do Egrégio Tribunal, temos afastada a possibilidade de beneficiar-se o Reclamado com a prescrição intercorrente, quando este, de má fé, ocultar-se demasiadamente, dificultando sua localização e eventual citação ou ainda localização de bens para penhora, para, com isso, decorrer o prazo prescricional. Em suma, não se computa o início do prazo sem que o exequente seja ensejador do motivo. Note-se que somente começa a correr o referido prazo quando, por motivo injustificado, o Reclamante, ora exequente, deixa de cumprir determinação judicial. Para Delgado (2017, p.115), não se trata de qualquer determinação, mas sim algo específico, de ordem extremamente pessoal do exequente.

Importante observar que tal posicionamento busca proteger o trabalhador, para em consonância com o enunciado acima mencionado e reproduzido, não permitir que o devedor trabalhista se beneficie da situação. Nos ensinamentos de Delgado (2017, p. 115),

> Naturalmente que pode ocorrer uma situação peculiar em que o lapso bienal prescricional prevaleça na fase de execução trabalhista; porém se trata de situação peculiar (por isso mesmo, de difícil formulação prática), ao invés de se tratar da regra geral do processo do trabalho.
>
> De outro lado, "a fluência do prazo prescricional intercorrente inicia-se quando o exequente deixa de cumprir determinação judicial no curso da execução" (texto do § 1º do art. 11-A da CLT). Porém, é claro, não se trata de qualquer determinação ou de qualquer tipo de ato sobre o qual o exequente tenha sido intimado: é necessário que se trate de determinação relativa a ato estritamente pessoal do exequente, sem cuja atuação o fluxo do processo se torna inviável.

Já no enunciado 32, conforme entendimento dos Doutos Julgadores daquele Tribunal, tem-se mitigada a necessidade de participação do exequente. Extrai-se do texto que basta uma simples manifestação do exequente, requerendo um meio válido para continuidade da execução para que o prazo não se inicie, independentemente deste meio ser suficiente ou não para atingir o resultado desejado.

Delgado (2017, p.115), também se mostra adepto a mínima participação do reclamante/exequente no processo, ao afirmar que durante a inviabilidade da execução, por culpa do reclamado/executado, não corre qualquer modalidade de prescrição. Em suas sábias palavras diz que:

> Ilustrativamente, a indicação de bens do devedor inadimplente para a continuidade da execução judicial (este, em geral, o grande embaraço ao bom desenvolvimento da fase executória processual) não constitui ato estritamente pessoal do exequente, sem cuja atuação o fluxo do processo se toma inviável; ao inverso, trata-se, sim, de ato de interesse do Estado, em decorrência do princípio constitucional da efetividade da prestação jurisdicional (art. 5º, LXXVIII, CF), além do princípio constitucional da eficiência, que também atinge a atuação do serviço público judicial (art. 37, caput, CF). Nesse quadro, a ausência de bens do devedor para a execução enseja, na verdade, a expedição de certidão informativa do crédito do exequente e do crédito tributário correlato, em valores específicos, com a data de referência do documento judicial, a fim de que, no futuro, surgindo lastro para a efetivação do comando judicial, este se concretize adequadamente. Durante esse período de inviabilidade executória, por manifesta culpa do devedor inadimplente, é claro que não corre qualquer prescrição.

No mesmo sentido, e de maneira ainda mais crítica, Silva (2017, p.20) afirma em sua mais recente obra que:

> A única forma de se conciliar a ideia da prescrição intercorrente com o processo do trabalho é disparar o prazo apenas quando a incumbência foi exclusiva da parte, como o manejo dos artigos de liquidação. Assim sendo, não são incumbência exclusiva do exequente e não devem gerar prescrição intercorrente:

• o cálculo de liquidação, que pode ser desenvolvido pelo próprio devedor ou pelo magistrado; nada obstante a alteração da redação do art. 878 da CLT – restringindo o impulso de ofício pelo magistrado – segue intacto o fato de que conta pode ser elaborada por qualquer pessoa;

• a indicação de bens à penhora, que pode ser obtida através do uso dos convênios legais, da expedição de ofícios, de indicação de terceiros – como o tomador ou o corresponsável de qualquer natureza – e, ainda, pelo próprio devedor, que é, na verdade, obrigado a indicar os bens, ao contrário do que se costuma pensar (arts. 805, parágrafo único, e 847, § 2º, do CPC/2015);

• o cumprimento de despachos genéricos, que poderiam servir para qualquer etapa ou classe processual, como "requeira o quê de direito" ou "diga o autor"; o fato de esses despachos serem utilizados de maneira indiscriminada, talvez apenas para melhorar as estatísticas da Vara Trabalhista, não autoriza a punição da parte com a prescrição intercorrente pelo descumprimento daquilo que nem ao menos tinha clareza.

Outro ponto de debate criado com a edição do novel art. 11-A é a forma como pode ser declara a prescrição intercorrente. Nos termos do §2º do artigo mencionado, esta pode ser requerida pelas partes ou ainda declarada de ofício pelo Juiz. Contudo, faz-se necessário importante atenção quanto as duas maneiras.

Ao ser declarada de ofício, deve respeitar o amplo contraditório pela parte prejudicada. Já quando suscitada pela parte interessada, deve o Juiz atentar-se para que não seja uma maneira de agir do executado, buscando beneficiar-se com manobras jurídicas.

Nas palavras de Delgado (2017, p.116),

> Por fim, o § 2º do art. 11-A estatui que a "declaração da prescrição intercorrente pode ser requerida ou declarada de ofício em qualquer grau de jurisdição".
>
> A declaração de ofício - igualmente aplicável apenas ao processo de execução, nos limites já expostos - deve observar, é claro, o amplo contraditório com a parte prejudicada; no caso, o exequente (art. SQ, LV, CF). No tocante ao requerimento pela própria parte ou interessado, é importante o Magistrado examinar a ocorrência (ou não) do vício consistente no ato de o indivíduo agir em contradição a fato por si próprio provocado, lesando a boa-fé objetiva que deve reger as condutas na vida social.
>
> De toda maneira, sempre será necessário se respeitarem os requisitos processuais de cada fase processual - circunstância imperativa que restringe também os efeitos da prática do ato "em qualquer fase de jurisdição".

Já para Silva (2017, p. 20), doutrinador ainda mais avesso à aplicabilidade da prescrição intercorrente e ainda mais em relação a possibilidade de seu conhecimento de ofício pelo Magistrado,

> A pronúncia de ofício da prescrição pelo magistrado foi inserida em reforma no processo civil, confirmada pelo CPC de 2015 (arts. 332, § 1º, e 487, II), mas encontrou resistência à aplicação em sede trabalhista, por não estar claro se o ato do magistrado seria cabível em relações assimétricas, como a laboral, a consumerista ou a locatícia. O legislador de 2017 tomou partido à pronúncia de ofício da pres-

> crição na etapa executória do processo, o que vai gerar dúvidas se isso representa a vedação à pronúncia de ofício em fase de conhecimento – ou seja, quando o legislador quis, ele o disse expressamente; e, no caso, silenciou no tocante às demais formas de prescrição, quando poderia tranquilamente tê-lo feito na reforma ao art. 11.

Já no ano de 2018, mais especificamente em 21 de junho, o Tribunal Superior do Trabalho editou a Instrução Normativa nº 41, a qual, em seu artigo 2º afirma que "o fluxo da prescrição intercorrente conta-se a partir do descumprimento da determinação judicial a que alude o § 1º do art. 11-A da CLT, desde que feita após 11 de novembro de 2017 (Lei nº 13.467/2017)".

Destarte, não pode o exequente ser prejudicado com, por exemplo, uma intimação genérica solicitando manifestação do mesmo antes da vigência da nova lei. Tem-se assim mais uma medida visando proteger a parte que, em tese, é hipossuficiente na relação.

Conclui-se o estudo compartilhando do ensinamento do ilustre Professor Silva (2017, p.21), para o qual, a aplicação da modalidade prescricional ora estudada deve ser utilizada de maneira racional, não apenas para cumprimento de metas ou dados estatísticos (leia-se arquivamento de processos). In verbis, diz o Autor:

> Em resumo, a sociedade espera que o art. 11-A, § 2º, não seja utilizado irrefletidamente, apenas para cumprimento de metas e apresentação de dados estatísticos, mas por força de uma análise detida sobre eventual comportamento negligente do credor – que, afinal, é a base que os pretores romanos utilizaram para desenvolver o conceito de perda da exigibilidade do direito por inércia injustificada do

interessado.

Logo, a aplicabilidade da prescrição intercorrente no Processo Trabalhista pode e deve ser utilizada pelo Poder Judiciário, haja vista a previsão legal para tanto. Contudo, deve-se sempre buscar o melhor objetivo com sua aplicação, sem com isso, ferir princípios basilares que regem o Processo do Trabalho, em especial, o Princípio Protetor.

5. Considerações Finais.

A prescrição, definida como a perda do direito da pretensão, sempre foi prevista no ordenamento jurídico pátrio. No Direito do Trabalho, tal instituto encontra previsão constitucional e também infraconstitucional, ou seja, além de sua previsão na Constituição Federal de 1988, observava-se, antes da reforma trabalhista, tal previsão em duas modalidades na Consolidação das Leis Trabalhistas.

O tema prescrição intercorrente não é algo novo no universo jurídico trabalhista, havendo, antes da famigerada reforma, divergências jurisprudenciais acerca do mesmo. Saliente-se que, também na doutrina, não havia consenso sobre a aplicabilidade desta modalidade prescricional na esfera do Direito do Trabalho. Tais divergências se davam pela falta de previsão legal específica para a área trabalhista, pois todas as tentativas de aplicação do instituto ora estudado eram realizadas por aplicação subsidiária de dispositivos estranhos ao processo do trabalho.

Com o advento da Lei 13.467 de 2017 o legislador positivou a aplicação da prescrição intercorrente no processo do trabalho através do novo art. 11-A da CLT. Contudo, o assunto continua gerando debates entre operadores do Direito e doutrinadores. Para alguns, a aplicação desta modalidade de prescrição fere princípios básicos de proteção ao trabalhador, já para outros, a sua aplicação desonera o Poder Judiciário, o qual, via de regra, encontra-se abarrotado de processos.

Destarte, faz-se necessária, para o bem do trabalhador e da sociedade em geral, a pacificação de assuntos trazidos pela reforma trabalhista. E, entre as principais inovações, tem-se a previsão legal da prescrição intercorrente.

Certamente, em breve a jurisprudência irá elucidar em quais casos concretos poderá ser aplicada tal modalidade prescricional e, em consonância com a jurisprudência a ser formada pelos Tribunais competentes, sedimentar o tema. Todavia, o tempo necessário para essa pacificação não pode ser estimado, haja vista a impossibilidade de previsão do tempo tramitação de um processo.

Por fim, cumpre observar que, ainda que a adoção da declaração de prescrição de ações trabalhistas durante o seu curso possa ser benéfico à Justiça do Trabalho, pois pode diminuir o número de processos que se arrastam há anos, o legislador pecou em duas frentes: retirando poder do Judiciário, impedindo a execução de ofício das demandas ajuizadas e ainda pior, flexibilizando o princípio protetor, o qual busca equilibrar a desigualdade entre as partes de uma lide trabalhista.

Referências Bibliográficas:

Capítulo 1.

ALBUQUERQUE, M.P.; MEDEIROS, H.J.; BARBOZA, M.N. O combate à corrupção no mundo contemporâneo e o papel do Ministério Público no combate à corrupção. Brasília: Ministério Público Federal, 2006.

ALEXANDRINO, Marcelo; PAULO, Vicente. Direito Administrativo Descomplicado. 20ª ed.: Saraiva. 2012

BANDEIRA DE MELLO, Celso Antônio. Curso de Direito Administrativo. 34 edição. Malheiros Editores. 2019.

BITTENCOURT, Sidney. Licitações Públicas para Concursos. 1º edição. Rio de Janeiro: Elsevier, 2012.

BORGES, Cyonil; SÁ, Adriel. Manual de Direito Administrativo. 4º edição. São Paulo: Juspodium, 2020.

CARVALHO FILHO, José dos Santos. Manual de direito administrativo. 16. ed. rev., ampl. e atual. Rio de Janeiro: Lumen Juris, 2006.

CHARLES, Ronny. Leis de Licitações Públicas Comentadas. 2º edição. Juspodium, 2019.

DALLARI, Adilson Abreu. Aspectos jurídicos da licitação. 5.ed.atual. São Paulo: Saraiva, 2000.

DI PIETRO, Maria Sylvia Zanella. Direito Adminstrativo. 19 ed. São Paulo: Atlas, 2006.

GIACOMONI, J. Orçamento público. São Paulo: Atlas, 2001.

JACOBY FERNANDES, Jorge Ulisses. Sistema de Registro de Preços e Pregão Presencial e Eletrônico. 5 ed. rev. atual. e ampl. Belo Horizonte: Fórum, 2013.

JUSTEN FILHO, Marçal. Pregão (Comentários à Legislação do Pregão Comum e Eletrônico). 5 ed. rev. e atual. São Paulo: Dialética, 2009.

JUSTEN FILHO, Marçal. Comentários a Lei de Licitações e Contratos Administrativo. 9 ed., 2002.

MARINELA, Fernanda. Direito Administrativo. 4. edição. Niterói: Impetus, 2010.

MEIRELLES, Hely Lopes. Direito Administrativo Brasileiro. 28ª edição. São Paulo: Malheiros, 2003.

TCU – Tribunal de Contas da União. Licitações & Contratos. Orientações básicas. Brasília, 4ª ed., 2010.

VERGARA, Sylvia Constant. Projetos e Relatórios de Pesquisa em Administração. 10º ed. Atlas 2009.

Capítulo 2.

https://rafaellabritto.jusbrasil.com.br/artigos/385526911/os-principios-norteadores-dos-contratos-administrativos

https://jus.com.br/artigos/74446/os-principios-da-administracao-publica-aplicados-a-gestao-e-fiscalizacao-da-execucao-de-contratos

https://jus.com.br/artigos/17001/eficiencia-na-gestao-dos-contratos-administrativos

http://www.direitodoestado.com.br/colunistas/andre-luis-vieira/gestao-de-contratos-administrativos

https://www.zenite.com.br/ea0296/

https://www.zenite.blog.br/de-acordo-com-a-lei-no-13-30316-como-deve-ser-designado-o-fiscal-e-gestor-para-os-contratos-se-necessario-alterar-como-proceder/

https://www.zenite.blog.br/tcu-a-importancia-da-capacitacao-dos-servidores-designados-como-fiscais-e-gestores-de-contratos-de-ti/

https://www.dizerodireito.com.br/2017/05/o-inadimplemento-dos-encargos.html

https://professorlfg.jusbrasil.com.br/artigos/121922808/o-que-se-entende-pela-indisponibilidade-do-interesse-publico

https://www.dizerodireito.com.br/2018/10/mesmo-antes-das-leis-134292017-e.html

https://www.buscadordizerodireito.com.br/jurisprudencia/detalhes/79e785d63f00348ff360d5a86528580b

http://genjuridico.com.br/2018/07/24/clausulas-exorbitantes/

IN 5/2017

https://www.comprasgovernamentais.gov.br/index.php/legislacao/1179-in-5-de-2017-compilada

Capítulo 3

BARROSO, Luís Roberto. Curso de direito constitucional contemporâneo: os conceitos fundamentais da construção do novo modelo. 5.ed. São Paulo: Saraiva, 2015.

DI PIETRO, Maria Sylvia Zanella. Direito Administrativo. 29. ed. Rev., atual. e ampla. Rio de Janeiro: Forense, 2016.

GAGLIANO, Pablo Stolze; FILHO, Rodolfo Pamplona. Novo curso de direito civil: parte geral. 13. ed. Rev., atual. e ampl. São Paulo: Saraiva, 2011.

MENDES, Gilmar Ferreira; COELHO, Inocêncio Mártires; BRANCO, Paulo Gustavo Gonet. Curso de direito constitucional. 4. ed. Rev. e ampl. São Paulo: Saraiva, 2009.

Capítulo 4.

BRASIL. Lei nº 12.830, de 20 de junho de 2013. Dispõe sobre a investigação criminal conduzida pelo delegado de polícia. Diário Oficial da União da República Federativa do Brasil, Brasília, D. F., 20 jun. 2013.

BRASIL. Constituição da República Federativa do Brasil de 1988. Diário Oficial da União da República Federativa do Brasil, Brasília, D. F., 05 out. 1988.

BRASIL. Lei nº 9.099/95, de 26 de setembro de 1995. Dispõe sobre os Juizados Especiais Cíveis e Criminais e dá outras providências. Diário Oficial da União da República Federativa do Brasil, Brasília, D. F., 26 set. 1995.

BRASIL. XVII Encontro Nacional do Colégio de Desembargadores Corregedores Gerais da Justiça do Brasil, São Luís do Maranhão. Ano 1999.

CABRAL, Adelson, Entenda o Ciclo Completo de Polícia, < https://fenapef.org.br/entenda-o-ciclo-completo-de-policia>. FENAPEF – Federação Nacional dos Policiais Federais. Acesso em: 13/03/2020.

CASTRO, Henrique Hoffmann Moreira de, Academia de Polícia, Termo Circunstanciado deve ser lavrado pelo Delegado, e não pela Polícia Militar ou Polícia Rodoviária Federal, <https://www.conjur.com.br/2015-set-29/academia-policia-termo-circunstanciado-lavrado-delegado>. Acesso em 13 de mar. de 2020.

CATTANI, Frederico, Termo Circunstanciado: para compreender e diferenciar de Inquérito Policial, <https://canalcienciascriminais.jusbrasil.com.br/artigos/643644551/termo-circunstanciado-para-compreender-e-diferenciar-de-inquerito-policial>. Acesso em: 22/08/2019.

DAMASCENO, Gabriela Garcia. A Inconstitucionalidade da lavratura do TCO pela Polícia Ostensiva. <https://canalcienciascriminais.jusbrasil.com.br/arti-

gos/375792940/a-inconstitucionalidade-da-lavratura-do-tco-pela-policia-ostensiva>. Acesso em: 13/03/2020.

JUNIOR, Aldo Antônio dos Santos, O Ciclo Completo de Polícia no Brasil, < https://www.researchgate.net/publication/216255793_O_CICLO_COMPLETO_DE_POLICIA_NO_BRASIL>. Acesso em: 13/03/2020.

HABIB, Gabriel, Leis Penais Especiais, Volume Único, Editora Juspodivm, 10ª edição, 2018, p. 551 e 552.

JESUS, Damásio Evangelista, Lei dos Juizados Especiais Criminais Anotada. 9ª edição, revista e atualizada. São Paulo: Saraiva, 2004, p. 46.

LANNA, Gabriel Morais. A Ilegalidade da Lavratura do Termo Circunstanciado de Ocorrência por Policiais Militares e Policiais Rodoviários Federais. <https://jus.com.br/artigos/72300/a-ilegalidade-da-lavratura-do-termo-circunstanciado-de-ocorrencia-por-policiais-militares-e-policiais-rodoviarios-federais>. Acesso em: 13/03/2020.

LIMA, Renato Brasileiro de. Código de Processo Penal Comentado. Salvador: Juspodivm, 2016.

MARCONI, M. de A; LAKATOS, E. M. Técnicas de Pesquisa. 6. ed. São Paulo: Atlas, 2006., n.1, jan-jun. 2001. Disponível: <http://www.fen.ufg.br/revista>. Acesso em 12 de fev. de 2019.

MOREIRA, José Carlos Barbosa. O processo penal norte-americano e sua influência. Revista de Processo, São Paulo, v. 26, n. 103, jul./set. 2001, p. 96.

PINHEIRO, Nixonn Freitas, Boletim de Ocorrência e o Termo Circunstanciado de Ocorrência, 23 de outubro de 2018, disponível em: <https://www.portalaz.com.br/blogs/6/opiniao/4252/boletim-de-ocorrencia-e-termo-circunstanciado-de-ocorrencia>. Acesso em: 22/08/2019.

SAPORI, Luís Flávio, O Ciclo Completo de Polícia, Fórum Brasileiro de Segurança Pública, < https://www2.camara.leg.br/atividade-legislativa/comissoes/comissoes-temporarias/especiais/55a-legislatura/unificacao-das-policias-civil-e-militar/documentos/audiencias-publicas/o-ciclo-completo-da-policia>. Acesso em: 13/03/2020.

SESP, Secretária do Estado da Segurança Pública do Paraná, Resolução nº 309/05, 15 de dezembro de 2015.

SILAS, José da Silva, A Polícia Militar pode lavrar Termo Circunstanciado de Ocorrência?, < https://jus.com.br/artigos/64419/a-policia-militar-pode-lavrar-termo-circunstanciado-de-ocorrencia >. Acesso em: 22/08/2019.

STF, RE 1.050.631-SE, Relator Ministro Gilmar Mendes, decisão monocrática em 22/09/2017.

STF, RE 979.730-SC, Relator Ministro Gilmar Mendes, decisão monocrática em 01/08/2016.

STF, Reclamação Constitucional nº 6612, Relatora Ministra Cármen Lúcia, decisão monocrática proferida em 26/02/2009.

TJPR, Ação Direta de Inconstitucionalidade nº 1.556.279-5, Relator Desembargador Telmo Cherem, acórdão prolatado em 05/03/2018.

CAPÍTULO 5.

https://acervodigital.ssp.go.gov.br/pmgo/bitstream/123456789/925/3/Gustavo%20Kubitschek%20Borges.pdf

https://lfg.jusbrasil.com.br/noticias/2489932/o-que-se-entende-por-fato-tipico-e-quais-elementos-o-compoem-denise-cristina-mantovani-cera

https://lfg.jusbrasil.com.br/noticias/937720/a-teoria-da-ratio-cognoscendi-e-a-duvida-do-juiz-sobre-as-excludentes-de-ilicitude-luiz-flavio-gomes-e-silvio-maciel

http://ww3.lfg.com.br/public_html/article.php?story=20110216214718729

https://canalcienciascriminais.jusbrasil.com.br/artigos/678851071/o-exercicio-regular-de-um-direito

https://www.camara.leg.br/proposicoesWeb/prop_mostrarintegra;jsessionid=24440E5F75E-CE3700E345FF20876DED3.proposicoesWebExterno2?codteor=1712111&filename=Tramitacao-PL+882/2019

CAPÍTULO 6.

BRASIL, Lei nº 4.320, de 17 de março de 1964. Estatui Normas Gerais de Direito Financeiro para elaboração e contrôle dos orçamentos e balanços da União, dos Estados, dos Municípios e do Distrito Federal. Disponível em: <http://www.planalto.gov.br/ccivil_03/Leis/L4320.htm>. Acesso em: 21 out. 2015.

BRASIL, Decreto-Lei nº 200, de 25 de fevereiro de 1967. Dispõe sôbre a organização da Administração Federal, estabelece diretrizes para a Reforma Administrativa e dá outras providências. Disponível em: <http://www.planalto.gov.br/ccivil_03/decreto-lei/Del0200.htm> Acesso em: 21 out. 2015.

BRASIL, Decreto nº 92.452, de 10 de março de 1986. Cria, no Ministério da Fazenda, a Secretaria do Tesouro Nacional (STN), extingue a Secretaria Central de Controle Interno (SECIN), e dá outras providências. Disponível em: <http://www.planalto.gov.br/ccivil_03/decreto/1980-1989/1985-1987/D92452.htm>. Acesso em: 22 out. 2015.

BRASIL, Decreto nº 93.872, de 23 de dezembro de 1986. Dispõe sobre a unificação dos recursos de caixa do Tesouro Nacional, atualiza e consolida a legislação pertinente e dá outras providências. Disponível em: <http://www.planalto.gov.br/ccivil_03/decreto/d93872.htm>. Acesso em: 22 out. 2015.

BRASIL, Constituição da República Federativa do Brasil, de 05 de outubro de 1988. Disponível em: <http://www.planalto.gov.br/ccivil_03/Constituicao/Constituicao.htm>. Acesso em: 11/11/2015

BRASIL, Lei Complementar nº 101, de 4 de maio de 2000. Estabelece normas de finanças públicas voltadas para a responsabilidade na gestão fiscal e dá outras providências. Disponível em: <http://www.planalto.gov.br/ccivil_03/leis/LCP/Lcp101.htm>. Acesso em: 21 out. 2015.

BRASIL, Ministério da Fazenda. Portaria nº 184, de 25 de agosto de 2008. Dispõe sobre as diretrizes a serem observadas no setor público (pelos entes públicos) quanto aos procedimentos, práticas, laboração e divulgação das demonstrações contábeis, de forma a torná-los convergentes com as Normas Internacionais de Contabilidade Aplicadas ao Setor Público. Disponível em: <http://www.fazenda.gov.br/institucional/legislacao/2008/portaria184>. Acesso em: 22 out. 2015.

BRASIL, Lei Complementar nº 131/2009, de 27 de maio de 2009. Acrescenta dispositivos à Lei Complementar no 101, de 4 de maio de 2000, que estabelece normas de finanças públicas voltadas para a responsabilidade na gestão fiscal e dá outras providências, a fim de determinar a disponibilização, em tempo real, de informações pormenorizadas sobre a execução orçamentária e financeira da União, dos Estados, do Distrito Federal e dos Municípios. Disponível em: <http://www.planalto.gov.br/cCivil_03/LEIS/LCP/Lcp131.htm>. Acesso em: 21 out. 2015.

BRASIL, Conselho Federal de Contabilidade. Resolução nº 1.133, de 21 de novembro de 2008. Alterada pela Resolução nº 1.437 de 02/04/2013. Aprova a NBC T 16.6 – Demonstrações Contábeis. Disponível em: <http://www.cfc.org.br/sisweb/sre/detalhes_sre.aspx?codigo=2008/001133>. Acesso em: 22 out. 2015.

BRASIL, Tesouro Nacional. Cartilha-Nova Contabilidade e Gestão Fiscal (2013). Disponível em: <http://www.tesouro.fazenda.gov.br/documents/10180/329483/PGE_CARTILHA_NovaContabilidade_GestaoFiscal.pdf/92871964-4c76-4d6a-bc11-80eaac9c46cd>. Acesso em: 23 out. 2015.

Conselho Regional de Contabilidade do Espirito Santo, A Lei da Transparência e a Convergência Contábil aos Padrões Internacionais de Contabilidade. Disponível em: <http://crc-es.org.br/wp-content/uploads/2013/11/A-Lei-de-Transpar%C3%AAncia-e-a-Converg%C3%AAncia-Cont%C3%A1bil-aos-Padr%C3%B5es-Internacionais-no-Setor-P%C3%BAblico-Janyluce-Rezende-Gama.pdf>. Acesso em: 20 dez 15.

COCHRANE, T. M. C. A importância do controle interno na administração pública brasileira e a contribuição da Contabilidade como principal instrumento na busca da eficiência da Gestão Pública. 2003. 21 f. Trabalho de Conclusão de Curso (Especialização em Gestão e Finanças Públicas) – Faculdade de Economia, Administração, Atuária e Contabilidade, Universidade Federal do Ceará, Fortaleza, 2003. Disponível em: <http://www.gestaofinancaspublicas.ufc.br/artigo_cont_publica_Teresinha_Maria_Cavalcanti_Cochrane_Integra.doc>. Acesso em: 20 out. 2015.

GIL, A. C. Como elaborar projetos de pesquisa. 4 ed. São Paulo: Atlas, 2002

PEREIRA, L. C. B. Da Administração Pública Burocrática à Gerencial. Revista do Serviço Público. Brasília, v. 1, n. 47. 1996. Disponível em: <http://www.bresserpereira.org.br/papers/1996/95.AdmPublicaBurocraticaAGerencial.pdf>. Acesso em: 20 out. 2015.

RIBEIRO, D. C. Sistema de controle dos gastos públicos do Governo Federal: uma ênfase no Programa Bolsa Família. 2009. 165 f. Dissertação (Mestrado em Ciências Contábeis) – Faculdade de Economia, Administração e Contabilidade, Universidade de São Paulo, São Paulo, 2009. Disponível em: <http://www.teses.usp.br/teses/disponiveis/12/12136/tde-07102009-145113/pt-br.php>. Acesso em: 20 out. 2015.

SANTOS, I. E. Textos selecionados de métodos e técnicas de pesquisa científica. 3 ed. Rio de Janeiro: Impetus, 2001.

SILVA, Lino Martins da. Contabilidade Governamental, Um Enfoque Administrativo. 7 ed. São Paulo: Atlas, 2004.

Tribunal de Contas do Estado do Mato Grosso, A nova Contabilidade Pública, importância, mudanças e responsabilidade (2011). Disponível em <http://www.tce.mt.gov.br/arquivos/downloads/00023287/TCE-MT%20_%20Nova%20Contabilidade%20P%C3%BAblica%20-%20web.pdf>. Acesso em: 30 nov.2015.

CAPÍTULO 7.

ALEXANDRINO, Marcelo; PAULO, Vicente. Direito Administrativo Descomplicado. 22. ed. São Paulo: Método, 2014.

BRASIL. [Constituição (1988)]. Constituição da República Federativa do Brasil: promulgada em 5 de outubro de 1988.

Canotilho, J.J. Gomes. Constituição dirigente e vinculação do legislador. Coimbra: Coimbra Editora, 1994, p. 541 No mesmo sentido, Barile, Paolo. Diritii dell'uommo e libertà fondamentalli. Bolonha: Il molinho, 1984. p.13.

Castro, Carlos Alberto Pereira de, João Batista Lazzari. Manual de Direito previdenciário. – 6. Ed. 2005, p.93.

HORVATH JÚNIOR, Miguel. Direito Previdenciário. 10. ed. São Paulo: Quartier Latien, 2014.

LAZZARI, João Batista; KRAVCHYCHYN, Jefferson Luis; KRAVCHYCHYN, Gisele Lemos; CASTRO, Carlos Alberto Pereira de. Prática Processual Previdenciária: Administrativa e Judicial. 10. ed. Rio de Janeiro: Forense, 2018.

PARANÁ. [Constituição (1989)]. Constituição do Estado do Paraná: promulgada em 5 de outubro de 1989.

REALE, Miguel. Lições Preliminares de Direito. 27. ed. São Paulo: Saraiva, 2002.

SANTOS, Marisa Ferreira dos. Direito Previdenciário Esquematizado. 6. ed. São Paulo: Saraiva, 2016.

TAFNER, Paulo. Por que precisamos da Reforma da Previdência. Infomoney, 2019. Disponível em: https://www.infomoney.com.br/colunistas/paulo-tafner/por-que-precisamos-da-reforma-da-previdencia/. Acesso em: 10 fev.2020.

TSUTIYA, Augusto Massayuki. Curso de Direito da Seguridade Social. 4. ed. São Paulo: Saraiva, 2013.

CAPÍTULO 8.

BRASIL. **Constituição da República Federativa do Brasil**, de 05 de outubro de 1988. Coletânea de Legislação Vade Mecum. São Paulo: Saraiva, 2016.

______**Consolidação das Leis Trabalhistas.** Disponível em: http://www.planalto.gov.br/ccivil_03/decreto-lei/Del5452compilado.htm. Acesso em: 25 de setembro de 2018.

______**Enunciado de Súmula n. 114 do Tribunal Superior do Trabalho.** Disponível em: http://www.tst.jus.br/sumulas. Acesso em: 25 de setembro de 2018.

______**Enunciado de Súmula n. 327 do Supremo Tribunal Federal.** Disponível em: http://www.stf.jus.br/portal/jurisprudencia/menuSumarioSumulas.asp?sumula=1570. Acesso em: 25 de setembro de 2018.

______**Lei de Execução Fiscal – nº 6.830/1980.** Disponível em: <http://www.planalto.gov.br/ccivil_03/leis/l6830.htm>. Acesso em 12 de maio de 2019.

______**Lei 13.467/17.** Disponível em: http://www.planalto.gov.br/ccivil_03/_ato2015-2018/2017/lei/L13467.htm. Acesso em 20 de agosto de 2018.

______**Instrução Normativa n. 41 do Tribunal Superior do Trabalho – TST.** Editada pela Resolução n. 221, de 21 de junho de 2018. Disponível em: <https://juslaboris.tst.jus.br/bitstream/handle/20.500.12178/138949/2018_res0221_in0041.pdf?sequence=1&isAllowed=y>. Acesso em: 15 de maio de 2019.

DELGADO, Mauricio Godinho; DELGADO, Gabriela Neves. **A Reforma Trabalhista no Brasil: com comentários à Lei 13.467/2017.** São Paulo: LTr, 2017.

Espaço Vital. **Novos enunciados de orientação à aplicação da re-**

forma trabalhista. Disponível em: https://espaco-vital.jusbrasil.com.br/noticias/531569686/novos-enunciados-de-orientacao-a-aplicacao-da-reforma-trabalhista>. Acesso em: 14 de maio de 2019.

FAGUNDES, Marina Aidar de Barros. **Direito do Trabalho – a Prescrição Intercorrente na reforma trabalhista.** Disponível em: https://www.migalhas.com.br/dePeso/16,MI276184,51045-Direito+do+trabalho+A+prescricao+intercorrente+na+reforma+trabalhista. Acesso em: 25 de setembro de 2018.

JORGE NETO, Francisco Ferreira; CAVALCANTE, Jouberto de Quadros Pessoa. **Direito Processual do Trabalho.** 5ª ed.. São Paulo, 2012.

MARTINS, Sergio Pinto. **Direito do Trabalho**. 21ª. ed.. São Paulo: Atlas, 2005.

OLIVEIRA, Francisco Antonio de. **A execução na justiça do trabalho: de acordo com a Lei 13.467/2017 e MP n.808/2017.** 9ª ed.. São Paulo: LTr, 2018.

PEREIRA, Leone. **Manual de Processo do Trabalho.** 5ª ed. São Paulo: Saraiva, 2018.

SAAD, Eduardo Gabriel. **Direito Processual do Trabalho.** 2ª. ed. São Paulo: LTr, 2000.

SILVA, Homero Mateus da. Comentários a Reforma Trabalhista (livro eletrônico). 1ªed. São Paulo: Editora Revista dos Tribunais, 2017.

TARTUCE, Flávio. **Manual de direito civil: volume único**. 5. ed. rev., atual. e ampl. – Rio de Janeiro: Forense; São Paulo: MÉTODO, 2015.

TEIXEIRA FILHO, Manoel Antonio. **Curso de Direito Processual do Trabalho, volumes I a III.** 1ª ed. São Paulo: LTR, 2009.

TEIXEIRA FILHO, Manoel Antonio. **Execução no Processo do**

Trabalho. 9ª ed. São Paulo: LTR, 2005.

---

[1] TCU. Acórdão 5.840/12. Órgão Julgador: Segunda Câmara. Relator: Ministro José Jorge. DOU: 07/08/12.

[2] TCU . Referencial de combate à fraude e à corrupção, 2016.p.54.

[3] CUNHA, R. S. **Manual de Direito Penal: Parte Geral.** Editora Juspodivm. 2014. 2ª Edição.

[4] CUNHA, R. S. **Manual de Direito Penal: Parte Geral.** Editora Juspodivm. 2014. 2ª Edição.